강원국의

결국은 말입니다

강원국의

결국은

말입니다

더클

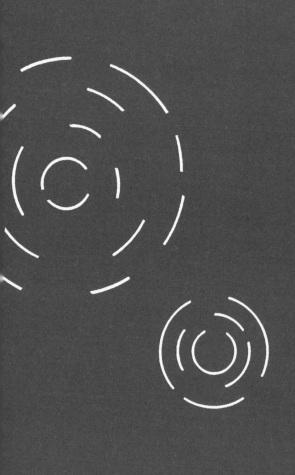

말 닮은 글,
글 닮은 말을 하는
당신에게

결국은 말이다. 대통령은 말로 국
정을 운영한다. 말에 정책과 철학과 비전이 담기고, 말로 공직
사회를 이끈다. 말로써 국민에게 위로를 주고, 희망과 용기를
북돋기도 한다. 말이 국정의 전부다. 어디 대통령뿐이랴. 우리
모두는 말에 생각과 감정을 담아 말로써 설명하고 설득한다.
일상은 말로 이뤄져 있고, 말이 모여 삶이 된다.

말 같지 않은 말이 일상을 오염시키고 있다. 부처님은 열 가
지 죄를 짓지 말라고 했고, 그 가운데 말로 짓는 죄가 네 가지
나 된다. 첫째, 망어(妄語). 즉 거짓말이다. 둘째가 양설(兩舌).
이간질하고 험담하는 말이다. 셋째, 악구(惡口). 욕설과 거친
말이다. 넷째, 기어(綺語). 교묘하게 꾸며 남을 속이는 말이다.

내가 아는 사람 중에 글 같은 말을 하는 분이 있다. 말은 글

과 다른데, 그의 말을 들으면 글을 읽는 듯한 느낌이 든다. 문법에 어긋나거나 버려야 하는 군더더기가 하나도 없다. 딱 해야 할 말만 한다. 고치고 고쳐 정제된 글처럼.

원래 말은 내뱉으면 끝이다. 글처럼 다시 고칠 기회가 없다. 그것이 말의 약점이다. 그래서 말은 '퇴고하지 않은 글'이라고 한다. 그만큼 빈틈이 많다. 하지만 말이니까 접어주고 듣는다. 그런데 그의 말은 받아 적으면 그대로 글이 된다. 사실 나는 이런 사람을 좋아하지 않는다. 너무 완벽해서 싫다. 하지만 닮고는 싶다. 이분처럼 말하고 싶다. 방법이 없지 않다.

그 하나는, 충분히 생각해보고 말하는 것이다. 머릿속으로 여러 번 퇴고해보고 말하면 된다. 이렇게 사전에 준비하는 방법도 있고, 말한 후에 할 수도 있다. 자신의 말을 모니터링해보는 것이다. 자기가 한 말을 듣는 것처럼 어색한 일도 없지만, 말을 잘하는 사람이 되기 위한 방법 중 이것처럼 쉬운 일도 없다. 글을 퇴고하는 것처럼 말을 고쳐나가면 되니까.

자기 말을 듣는 게 싫다면 말하면서 몇 가지만 신경 쓰면 된다. 즉흥적으로 말하지 않기, 생각해보고 말하기, 듣는 사람

입장에서 말하기, 말하고 나서 복기하기. 즉자적인 말하기가 아니라 대자적인 말하기라고 해야 할까? 자기 말을 스스로 의식하고 의도적인 노력을 기울이는 것이다.

　나도 이전까지 의식하지 않고 말했다. 하지만 〈강원국의 말 같은 말〉을 집필하고 녹음하면서, 『강원국의 어른답게 말합니다』를 쓰고 강의하면서, 그리고 1년 전부터 〈강원국의 지금 이 사람〉이란 인터뷰 프로그램을 진행하면서 내 말의 속도는 적당한지, 목소리 크기는 어떤지, 톤은 너무 높거나 낮지 않은지, 발음은 정확한지, 내 말을 듣는 사람의 반응은 어떠한지, 내가 하고 싶은 말이 제대로 전달되고 있는지 신경 쓰며 말하게 됐다. 심지어 남의 말을 들을 때도 무의식중에 지적할 거리를 찾고 교정 교열을 보게 됐다. 말에 신경 쓰는 것과 그렇지 않은 것은 결코 거기서 거기가 아니다. 천양지차이다.

　내가 산증인이다. 의식하며 말하기 시작한 1년 전과 지금의 나는 다르다. 지금은 〈강원국의 지금 이 사람〉을 즐기며 할 수 있는 상태가 됐고, 발솜씨도 몰라보게 달라졌다. 담당 피디가 내레이터를 해보라고 권유할 정도다. 방송할 때마다 피디와

청취자가 내 말의 문제점을 조목조목 지적해준 덕분이고, 나 역시 지적받은 내용은 고치려고 노력한 결과다. 내가 한 방송을 스스로 모니터링해보면 참 많이 변하고 발전했다는 걸 실감한다. 뿐만 아니라 말하기 강의를 하지 않던 1년여 전까지는 글쓰기만 머릿속에 있을 뿐 말하기에 관해 고민하지 않았다. 그런 내가 말하기에 관해 궁리하고 탐구했다. 이제 비로소 '말 같은 말'을 하게 됐고, 거기에 머물지 않고 '글 같은 말'을 향해 전진 중이다.

말도 글처럼 문제점은 없애고 장점을 발전시키면 나날이 성장할 수 있다. 나아가 글쓰기에 고충을 겪는 사람이 '말 같은 글'을 씀으로써 글쓰기의 어려움에서도 벗어날 수 있다. 말이 글을 닮고, 글이 말을 닮을수록 당신의 말과 글은 정갈해진다. 글은 자연스럽게 자주 내뱉고, 말은 신중하게 꾹꾹 눌러 쓰자.

이 책은 세 가지를 담고 있다. 첫째, 2020년 2월부터 2021년 3월까지 방송한 〈강원국의 말 같은 말〉 가운데 2021년 6월 출간한 『강원국의 어른답게 말합니다』(웅진지식하우스)에 담지 못한 내용. 둘째, 『강원국의 어른답게 말합니다』 출간 이후 백 번 가까운 말하기 강의를 하며 공부한 내용. 셋째, 〈강원국의 지금 이 사람〉을 진행하며 경험한 내용이다.

책을 쓰고 강의하며 먹고산 지 9년 차다. 이 책이 일곱 번째 책이니 1년에 한 권꼴로 써온 셈이다. 직장인은 1년 열두 달 직장에 나가야 월급 받고 살 수 있듯이, 작가는 1년에 한 권씩은 책을 써야 먹고살 수 있다. 이번에도 그게 가능하도록 도와준 더클 출판사의 유준원 대표, KBS 김창회, 서승표 피디, 『강원국의 어른답게 말합니다』 독자와 〈강원국의 지금 이 사람〉 청취자 여러분, 그리고 아내에게 감사드린다.

과천 카페에서 2022년 12월

차례

2장 정확하고 적절하게 전달하는 말하기 기술
― 어디서든 통하는 말에는 구성이 있다

3장 관계를 다루는 말하기 연습
— 우리 사이엔 대화가 필요하다

4장 고쳐 쓴 글처럼 견고하게 말하기
— 세상은 내가 하는 말만큼의 깊이로 이루어져 있다

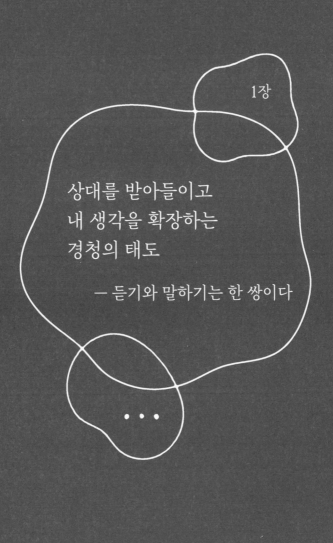

1장

상대를 받아들이고
내 생각을 확장하는
경청의 태도

— 듣기와 말하기는 한 쌍이다

말하고 싶다면
일단 들어라

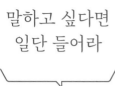

경청과 관련한 책이 많다. 경청이 중요하다는 걸 보여주는 것이기도 하고, 경청이 얼마나 어려운지 반증하는 것이기도 하다. 경청이 쉬운 일이라면 그렇게 많은 책이 나올 이유가 없지 않겠는가.

그런데 이상하다. 우리는 학교 다닐 적부터 선생님 말씀을 참 많이 들었다. 듣기로 말하면 우리만큼 많이 듣는 나라도 드물 것이다. 그렇게 긴 수업 시간도 모자라 집에 와서 또 인터넷 강의를 들으니 말이다. 사회에 나와서도 우리만큼 '말 잘 듣는 사람'이 있을까 싶을 정도로 말을 참 잘 듣는다. 그런데도 경청이 어려운 이유는 무엇일까.

듣기가 듣기로 그치고, 말하기까지 확장되지 않기 때문이라고 생각한다. 듣는 시간은 많았지만 말할 시간은 없었다. 선생님 한 분만 말하고 여럿이 들었다. 똑같은 내용을 같이 듣고 누가 더 잘 들었는지 평가받고 경쟁했다. 듣는 것이 전부였고, 말하기로 나아가지 못했다. 듣는 건 말하기 위해서인데 말이다.

듣기와 말하기는 한 쌍이다. 듣기만으로는 잘 들을 수 없고, 말하기만으로도 말을 잘할 수 없다. 말하기 없는 듣기는 재미도 의미도 있을 수 없다. 듣기와 말하기는 수레의 양 바퀴처럼 함께 가야 한다. 듣기를 잘해야 말을 잘할 수 있고, 들은 걸 말해봐야 어떻게 들어야 하는지 알 수 있다.

듣기가 분해라면 말하기는 조립이다. 듣기는 말을 부분 부분으로 나누는 분석이고, 말하기는 부분을 짜 맞추는 종합이다. 분석과 종합은 동전의 양면같이 떼려야 뗄 수 없는 관계다. 분해를 많이 해본 사람이 조립도 잘할 수 있지 않던가.

말하기보다 듣기가 먼저다. 군에 가면 총기 조립도 분해부터 배운다. 말을 잘하기 위해서는 우선 잘 들어야 한다. 잘 들어야 상대가 듣고 싶어 하는 말을 찾을 수 있다. 그렇지 않으면 동문서답하기 일쑤다. 또한 잘 들어야 맥락에 맞게 말할 수 있다. 자다가 봉창 두드리는 소리 안 하려면 잘 들어야 한다.

손바닥도 부딪쳐야 소리가 나듯이, 내가 들어줘야 상대도 잘 들어준다. 그리고 상대가 잘 들어줘야 말을 잘할 수 있다. 그렇지 않으면 벽에다 말하는 것같이 답답하다. 중학교 1, 2학년 학생들 앞에서 강의한 적이 있다. 내가 말하면 이 친구들도 자기들끼리 함께 말한다. 들어주지 않으니 도무지 말을 이어가기 힘들었다.

　말을 잘하는 사람에게는 귀를 열지만, 말을 잘 들어주는 사람에게는 마음을 연다고 한다. 잘 들어주는 게 말 잘하는 것보다 훨씬 크고 많은 것을 얻는 길이다. 잘 들으려면 자신을 내려놓아야 한다. 다른 사람이 들어올 수 있도록 내 안에 빈자리를 만들고, 나를 내려놓은 자리에 상대를 올려놓아야 한다. 나에 대한 절제와 상대를 향한 존중이 동시에 이뤄져야 한다. 여기에 더해 배려와 공감이라는 섬세함까지 필요하다. 그래서 경청이 어렵다.

　나는 잘 듣기 위해 네 가지에 신경 쓴다.

　첫째, 상대가 하는 말의 줄거리를 몇 개 단어로 정리하며 듣는다. 여력이 있으면 상대 말의 주제, 즉 전하고자 하는 메시지가 무엇인지 파악하며 듣는다. 그리고 인상적인 대목에 밑줄을 긋기도 한다.

　둘째, 의중을 헤아리며 듣는다. 표면적인 말만 아니라 그렇게 말하는 이유와 배경, 목적을 파악하며 듣는다. 흘려듣는 '히어링(hearing)'이 아니라 새겨듣는 '리스닝(listening)'으로 듣는다. 말만이 아니라 표정과 손짓을 보면서 진짜 하고 싶은 얘기가 뭔지 파악하려고 애쓴다. 그러다 보면 속내나 심경을 알 수 있다. 잘 모르겠으면 묻기도 한다.

셋째, 맞장구치며 듣는다. 귀로만 듣는 것이 아니라 눈을 마주치고 고개를 끄덕이고 입으로 추임새를 넣어가며 듣는다. 적극적으로, 리듬을 타면서, 탄력 있게. 물론 지루하고 답답한 경우도 있다. 그럴수록 "그래서 어떻게 됐죠?", "이랬다는 얘기죠?" 더 강하게 호응하고 유도한다.

넷째, 내가 할 말을 준비하며 듣는다. 그래야 말을 이어갈 수 있으니까 그렇다. 이때 두 가지를 조심하려고 한다. 하나는 딴 생각하는 것이다. 속으로 할 얘기를 준비하다가 아내에게 이런 말을 자주 듣는다. "당신 내 말 듣고 있어?" 듣고 있다고 하면 다시 다그친다. "내가 방금 뭐라고 그랬어. 말해봐."

내 말을 준비하면서 저지르는 또 하나의 실수는 끼어들기다. 생각난 말을 잊을까 봐 상대의 말을 끊기 쉽다. 조심해야 한다. 이렇게 끼어들기를 하지 않으려면 세 가지를 참아야 한다. '나도 말 좀 하자'며 끼어들고 싶은 욕구, '내 생각은 그렇지 않은데?'라며 반론하고 싶은 충동, '그건 너의 오해야' 하며 변론하고 싶은 마음이 그것이다.

말하고 싶다면 먼저 들어주자. 깊이 헤아리며 듣는 경청의 공간에서 당신의 말은 더욱 빛이 난다.

들으면
얻는 것들

　　　　　　나는 말을 잘 듣는 사람이다. 잘 듣는
다는 의미는 두 가지다. 말귀가 밝아 남의 말을 귀담아듣고 그
의미를 잘 이해하는 것이 있고, 다른 하나는 시키는 일을 잘한
다는 뜻이다. 혼나지 않으려고, 인정받기 위해 열심히 한다.

　말을 잘 들으면 얻는 게 많다. 무엇보다 세상살이가 편하다.
세상은 순응하는 사람을 좋아한다. 말을 잘 알아듣고 어떻게
든 거기에 맞추려고 노력하는 사람을 싫어할 이유가 없다. 부
모님이 학교 가는 아이에게 습관적으로 하는 말이 있다. "선
생님 말씀 잘 듣고…." 어쩌면 학교는 말 잘 듣는 사람을 길러
내는 곳인지도 모르겠다.

　말을 잘 들으면 지식과 정보뿐 아니라 일하는 방식과 세상
을 보는 방법도 배우게 된다. 선생님 말씀을 들으면서, 친구나
가족과 대화하면서 많은 것을 알게 된다. 대학에 들어와 그런

생각을 했다. 다른 친구들은 아는 게 많구나. 어디서 알게 됐을까? 독서를 많이 해서 그런가? 그럴 여유가 있는 친구는 많지 않을 텐데. 아, 알려주는 사람이 곁에 있구나. 밥 먹으며 TV 보며 부모님에게 들은 얘기가 많구나.

직장 생활하면서 더 분명히 깨닫게 됐다. 잘 알려주는 상사가 있는 사람이 일을 잘한다는 사실을. 누군가 잘 알려주는 사람이 있고, 알 수 있는 위치에 있어야 일을 잘할 수 있다. 잘 알려주면 일도 잘할 뿐 아니라 자신이 인정받고 있다는 느낌을 받는다. 알려주는 사람이나 조직이 고맙다. 조직에 충성(?)하는, 말을 잘 듣는 사람이 된다. 그런 사람에게 조직은 더 많이 알려준다. 회사에서 부장이 되고 임원이 되고 위로 올라갈수록 더 많이 알 수 있다. 알려줌의 선순환을 타는 것이다.

이와 반대로 악순환을 겪는 경우도 있다. 최고경영자는 임원에게 많이 알려줬는데, 임원은 부서장에게, 부서장은 팀장에게, 팀장은 팀원에게 점점 더 적게 알려준다. 정작 일해야 하는 팀원들은 제대로 알지 못한 채 일에 착수하게 되고, 당연히 윗사람들이 만족하는 결과를 만들어내지 못한다. 상사는 상사대로 짜증 나고 아랫사람 역시 스트레스를 받는다. 조직 전체적으로도 비효율을 양산한다.

남의 말을 잘 들으면 평가 능력도 생긴다. 우리는 누군가의 말을 그냥 듣지 않는다. 비판적으로 듣는다. 학교 다닐 적 우리 모두 그랬다. '저 선생님은 실력이 있어', '담임 선생님은 우리들에게 별 관심이 없어' 이렇게 평가하며 들었다. 친구들끼리 모여 이런 판단을 맞춰보면 크게 다르지 않았다.

직장 생활을 해보니 남의 말을 평가하는 역량은 중요하다. 남의 말을 들을 때 4단계를 거친다. 그리고 네 가지 역량이 필요하다. '무슨 말인지 알겠어'(이해력), '결론이 이것이지?'(분석력), '왜 그렇게 생각해?'(비판력), '내 생각은 이래'(창의력). 이런 이해력, 분석력, 비판력, 창의력을 아울러서 평가역량이라고 할 수 있다. 이런 역량은 사회생활 하는 데, 남과 더불어 살아가는 데 필수적이다. 보고를 받고, 누군가와 대화하고, 함께 논의할 때 필요하다.

남의 말은 내 생각도 만들어낸다. 나는 강의 듣는 것을 즐긴다. 다른 사람의 강의를 듣다 보면 내 생각이 생기고 기억도 떠오른다. 내 의견이 만들어진다. 학교 다닐 적에도 그랬던 것 같다. 선생님 말씀을 들으면서 '저건 아닌 것 같은데?', '저렇게 말씀하셔도 되나?' 이러면서 내 생각을 길어올렸다. 친구 얘기를 들을 때도 내 생각이 자꾸 나서 도중에 끼어드는 경우가 많았다.

끝으로, 잘 들으면 요약 능력을 키울 수 있다. 나는 요약 능력으로 회장의 연설문을 쓰고, 대통령 연설문을 쓸 수 있었다.

요약 능력에도 수준이 있다. 영화에 빗대어 얘기하면 이렇다. 영화를 보고 가장 인상적인 장면을 말하는 것은 중요한 것에 밑줄을 긋는 발췌 요약이다. 1시간 반 영화를 1분 동안 말하는 것은 줄거리 요약이다. 이 영화는 '한마디로 이런 영화다'라고 규정하는 요약도 있다. 나아가 영화감독이 전하고자 하는 메시지를 말할 수도 있다. 이 모두가 요약이다.

들기로 얻을 수 있는 게 많다. 하지만 여기서 그치면 안 된다. 잘 듣는 것은 잘 말하기 위해서다. 먹으면 싸야 한다. 그래야 신진대사가 원활하게 이루어진다. 잘 들었으면 자기 말을 하자. 나도 쉰 살 넘어서는 말하며 산다.

기회를 주는
듣기

~~~~~~~~

경청한다는 의미는 무엇인가. 주의 깊게, 공감하며 들어주면 경청인가? 그렇지 않다. 진정한 경청은 그 사람의 말을 듣는 게 아니라, 그 사람 존재 자체를 존중하고 받아들이는 것이다. 그러기 위해서는 세 가지를 할 수 있어야 한다.

첫째, 그 사람이 가지고 있는 잠재 역량이나 하고 싶어 하는 일을 끄집어낼 수 있어야 한다. 자신에게 어떤 역량이 있는지, 자신이 무엇을 하고 싶은지 모르는 경우가 많다. 바로 그것을 말할 수 있게 도와야 한다. 그 사람 입에서 그 말이 나오도록 말을 시키고 물을 수 있어야 한다.

둘째, 그가 말했을 때 그 말의 허점과 빈틈을 채워줄 수 있어야 한다. 모든 말은 처음엔 설익어 있다. 직장의 아래 직원, 학교 제자들의 말은 특히 그렇다. 그 말이 무르익도록 하는 것이 상사와 선배, 선생의 역할이다. 말의 완성도와 실현 가능성을 높여줄 수 있어야 하는 것이다.

셋째, 그 사람의 말대로 해서 성공했을 때 공을 그 사람에게 돌리고, 잘 되지 못했을 때는 기꺼이 자신의 책임으로 돌리는 아량이 있어야 한다.

나는 그런 사람을 직장 생활 초년병 시절에 만났다. 그는 늘 내 말을 경청했다. 내 말을 끌어내주고, 보완해주고, 책임져줬다. 나에게 기회를 만들어줬다. 나를 인정하고 존중해줌으로써 나 스스로 존재 의미를 찾고, 존재 가치를 느끼게 해줬다.

우리나라 조직의 말 문화에는 두 가지 특징이 있다. 먼저, 위에서 아래로 내려오는 말은 많은데, 아래에서 위로 올라가는 말이 거의 없다. 낙수만 있고 분수는 없는 것이다. 그러다 보니 조직의 발전이 윗사람 수준에 달려 있다. 상사가 하라는 대로 일이 진행되고, 상사의 기대가 충족되는 수준에서 일이 끝난다. 그 이상이나 그 너머는 엄두를 내지 않는다. 상사가 생각하지 못한 일은 일어나지 않고, 상사 수준 이상의 경지에는 가보지 못하는 것이다. 조직은 상사 수준에서 정체한다. 말이 아래에서 위로 올라가야 한다. 그러할 때, 조직의 수준도 위로 올라간다.

또한 공식적, 공개적으로 하는 말보다 비공식, 비공개로 하는 말의 비중이 높다. 근무 시간 중이나, 회의할 때는 말하지 않다가, 퇴근 후에 동료들과 술 마시며 집중적으로 말한다. 아내도 직장 다닐 적, 집에 와서 회사 동료와 1시간 넘게 전화 통화를 했다. 조금 전까지 옆에 있던 동료에게 무슨 할 말이 그렇게 많아서 전화통을 붙들고 있는지. 아내뿐 아니라 우리나라 조직 구성원들은 앞에서보다는 뒤에서 주로 말한다. 그 말은 대개 수군수군, 쏙닥쏙닥하는 말이다.

왜 이런 일이 벌어질까. 기회를 주는 듣기를 하지 않아서 그렇다고 생각한다. 그 누가 말해봤자 소용없는 말을 하겠는가. 기껏 말했더니 "이래서 그건 안 돼", "이미 해봤어", "쓸데없는 소리 말고 시키는 일이나 제대로 해"라는 반응만 돌아온다면 누가 굳이 할 말을 찾으려고 고민하겠는가 말이다.

안 되는 이유를 대고 못 하게 만들기는 쉽다. 못 하게 하려면, 해선 안 되는 이유를 얼마든지 댈 수 있다. 필요한 것은 안 되는 것을 할 수 있는 상태로 만들어주는 것이다. 그것이 듣는 사람의 실력이고 해야 할 역할이다. 권한 위임, 동기 부여 등 조직에서 귀에 딱지가 앉도록 강조하는 이 모든 것은 듣기를 통해 시작되고 완성된다. 듣기만 잘해도 이를 통해 만들어진 결과물은 결국 들어준 사람의 몫이 된다. 조직과 말한 사람에게도 도움이 되지만 가장 큰 혜택을 보는 사람은 들어준 사람이다.

들어주면 말할 테고, 구성원이 말하기 시작하면 일석삼조의 효과를 거둘 수 있다. 들어준 상사는 손 안 대고 코 풀 수 있고, 조직은 기대 이상의 성과를 내게 될 뿐 아니라, 말하는 사람도 입력된 것을 인출하고 출력해봄으로써 인풋과 아웃풋, 나와 남이 통하는 활기찬 직장 생활을 할 수 있으니 말이다.

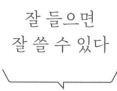

잘 들으면
잘 쓸 수 있다

청와대에서 연설문을 네 사람에게
듣고 썼다. 대통령의 말, 전문가의 말, 청중의 말, 민심의 소리
이다. 글은 읽고 쓸 수도 있고, 보고 쓸 수도 있으며, 겪거나 느
끼고 쓸 수도 있지만, 가장 효율적인 방법은 듣고 쓰는 것이다.

대통령의 말을 종일 들었다. 행사에 따라가서 듣고, 회의에
배석해서 들었다. 대통령이 불러서 구술해주기도 했다. 직접
듣지 못하는 말은 부속실장이나 연설기획비서관에게 전해 들
었다. 대통령의 육성 녹음을 기록비서관실에서 받아 듣기도
했다. 대통령 말을 그날그날 주제별로 정리했다. 대통령의 말
속에서 살았다.

대통령도 모든 분야를 알진 못한다. 전문가의 말을 들어야
한다. 환경 문제는 환경 전문가, 외교 문제는 국제정치 선문가
에게 들어야 한다. 잘 들으면 이들이 수십 년 동안 겪어보고

공부한 내용을 짧은 시간에 습득할 수 있다. 들인 시간 대비 효과가 최고다.

대통령의 말을 듣게 될 사람의 말도 들었다. 소방의 날이면 소방관에게, 경찰의 날이면 경찰관에게, 국군의 날이면 군인에게 들었다. 그들이 듣고 싶은 얘기가 무엇인지, 그들의 현안이나 숙원 사업은 무엇인지 찾아가 듣는다. 지방에서 연설이 있을 때는 그 지역 언론이나 대학, 지방자치단체의 말을 들었다.

여론을 듣는 것도 필요하다. 그 시기 사람들이 무슨 생각을 하고 있고, 대체적인 분위기는 어떤지 들어야 알 수 있다.

잘 들으려면 네 가지를 잘해야 한다. 먼저, 질문을 잘해야 한다. 묻지 않으면 말해주지 않는다. 알고 싶은 내용을 진한 육수 뽑아내듯 잘 물어야 한다.

요약도 잘해야 한다. 실컷 듣고도 요약하지 못하면 소용없다. 내가 요약하는 방법은 다섯 가지다. 중요한 것에 밑줄을 긋거나 별표 치며 듣기, 불필요하거나 덜 중요한 것을 버리며 듣기, 전체적으로 압축하며 듣기, 몇 가지로 정리하며 듣기, 내 방식으로 해석하며 듣기이다. 이 다섯 가지를 동시다발적으로 하며 듣는다.

잘 이끌어야 한다. 듣다 보면 말하는 사람이 샛길로 빠지기 일쑤다. 내가 듣고 싶은 얘기는 하지 않고 자신이 하고 싶은 얘기만 늘어놓는 경우가 많다. 이 경우 말하는 사람이 기분 나쁘지 않게 말을 끊고, 듣고 싶은 얘기 쪽으로 유도하는 기술이 필요하다.

받아 적으며 들어야 한다. 받아 적는 방법 역시 다섯 가지다. 첫째, 녹음이다. 말하는 사람에게 집중할 수 있다는 장점이 있다. 하지만 다시 들어야 하는 번거로움이 있다. 사실 확인이 필요한 유사시에 대비해 녹음은 늘 했다. 그렇지만 다시 듣는 일은 없다시피 했다. 둘째, 깨알같이 모두 받아 적는 방식이다. 한 자도 놓치지 않겠다는 각오로 속기사처럼 받아 적는다. 내가 썼던 방식이다. 대통령의 말씀을 한 마디도 놓치지 않겠다는 불퇴전의 각오로 받아 적었다. 대통령을 향한 충성심을 그렇게 보여주고 싶었다. 대통령 말씀 한 마디 한 마디를 금과옥조로 여긴다는 표시로 말이다. 또 그래야 대통령과 눈을 마주치지 않을 수 있다. 이를 통해 대통령의 돌발 질문을 받는 절체절명의 위기 상황을 초래하지 않을 수 있다. 셋째, 기억해야 할 수치나 지명, 인명 등 팩트만 받아 적는 방식이다. 대부분의 내용은 머릿속으로 요약, 편집하며 듣고, 외우기 힘든 내용만 기록한다. 기자들이 주로 사용하는 방식이다. 넷째, 키워드 받아 적기다. 받아 적은 단어를 보면 관련 내용을 복원해낼 수 있도록 키워드 중심으로 적는다. 다섯째, 어떤 때는 받아 적지 않고, 그 말을 들으면서 생각난 것을 적어두기도 한다. 말을 받아 적는 게 아니라 내 생각을 메모하는 것이다.

나는 '막귀'는 아니다. 말을 잘 듣는 편이다. 말을 잘 듣는 수준은 6단계가 있다. 1단계는 말귀를 알아먹는 단계이다. 이해력이 좋은 수준이다. 2단계는 알아먹은 내용을 요리할 줄 아는 단계이다. 분석력이 좋은 수준이다. 3단계는 수동적으로 듣지 않고, 적극적이고 주도적으로 말을 이끌어내는 단계이다. 비판력이 좋은 수준이다. 4단계는 말하는 사람의 처지와 심정을 헤아리고, 숨은 의도와 욕구, 목적 등을 파악하는 단계이다. 공감력이 좋은 수준이다. 5단계는 들은 내용과 다르거나, 그보다 높은 수준의 생각을 떠올리는 단계이다. 창의력이 좋은 수준이다. 마지막 6단계는 들은 데 그치지 않고 그것을 글로 쓰거나 행동에 옮겨 결과물을 만들어내는 단계이다. 실행력이 좋은 수준이다.

나는 4단계에 머물다 직장을 그만뒀다. 이 단계까지 잘하는 사람은 현상 유지는 할지언정 변화와 혁신을 이루기 어렵다. 변화와 혁신은 5, 6단계 사람들에 의해 이루어진다. 〈강원국의 지금 이 사람〉에서 만난 분은 대부분 5, 6단계에 이른 사람들이다. 기업도 이런 사람이 많아야 일취월장한다. 내가 몸담았던 기업이 지금 괄목상대한 발전을 이루는 모습을 보면서

그곳이 내 자리가 아니었구나, 떠나길 잘했다는 생각을 하곤
한다.

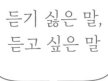

들기 싫은 말,
듣고 싶은 말

당신은 언제 어떤 상황에서 누구의 말이 듣기 싫은가. 나는 이런 말을 듣는 게 고역이다.

시간이 없는데 장황한 말을 들어야 하는 상황 말이다. 장황하다는 느낌을 주는 경우는 언제인가. 먼저, 말 자체가 긴 경우이다. 길어도 재미나 의미가 있으면 괜찮은데, 쓸데없이 긴 때다.

서론이 길어도 장황하게 느껴진다. 결론이나 요점을 먼저 말하지 않는 경우이다. 말에 곁가지가 많아도 장황하게 들린다. 말이 목적지를 향해 곧장 가지 않고 굽이굽이 돌아갈 때 듣는 사람은 답답하다. 왜 이런 말을 내게 하는지, 도대체 무슨 말을 하려는지 이유나 요점을 파악할 수 없을 때도 장황하게 느껴진다. 같은 말을 반복해도 그렇다. 술도 마시지 않았는데 한 말 또 하고 또 하는 사람이 있다. 그런 사람을 진상이라고 한다. 사족이 붙는 경우도 마찬가지다. 말이 끝날 듯 끝날 듯 끝나지 않고, 뒤를 질질 끄는 말도 너저분하다는 느낌을 준다.

훈계하는 듯한 말도 듣기 싫다. 가르치려고 드는 걸 반길 사람은 많지 않다. 교장 선생님 훈시나 목사님 설교 말씀, 그리고 주례사가 의도와 달리 그런 오해를 받기 십상이다.

누구나 아는 소리를 자기만 아는 것처럼 말할 때도 그렇다. 뻔한 소리를 듣는 것처럼 지루한 건 없다.

불평과 푸념, 넋두리를 늘어놓으며 위로를 구하는 말도 부담스럽다. 신세타령은 듣는 사람을 불편하게 만든다. 남 탓하고 누군가를 비난하고 빈정대고 징징대며 어리광을 피우는 말도 기운 빠지게 한다, 그런 사람과 대화하고 나면 다시는 만나지 말아야겠다고 다짐하게 된다.

잘난 척하는 말도 거부감이 든다. 상대방이 잘난 척한다고 느끼는 경우는 두 가지인 것 같다. 그 하나는 아는 지식을 뽐내면서 하는 말이다. 현학적이라고도 한다. 듣는 사람에게 도움 되는 말이거나 관련이라도 있으면 좋으련만, 이도 저도 아닌 말을 주저리 늘어놓는 건 좀 그렇다. 내가 아는 걸 말하지 말고 남들이 알고 싶어 하는 걸 말하라고 하지 않든가. 잘난 척한다고 느끼게 만드는 또 다른 경우는 자신 또는 자기와 관계있는 사람이나 일을 자랑할 때이다. 이건 아내가 가장 싫어하는 것이다. 특히 자식 자랑하는 사람들. 자랑도 좋지만 지나치면 시기심을 불러일으키고, 허세 부린다는 비웃음거리가 될 수도 있다.

나아가 상처 주는 말, 사기를 꺾는 말은 나쁜 말이다.

남을 훈계하고 싶을 때, 별것도 아닌 걸 자랑하고 싶을 때, 남의 험담을 늘어놓고 싶을 때는 입을 열기보다 일기장을 열어보자.

그렇다면 듣기 좋은 소리는 무엇일까. 질문에 답하는 말이 좋은 말이다. 내가 아는 것을 말하는 것이 아니라, 상대가 알고 싶은 것을 말해야 한다. 궁금하지도 않은데, 하고 싶은 말만 잔뜩 늘어놓으면 가렵지도 않은 데를 자꾸 긁어대는 것과 같다.

나는 얻는 게 있는 말을 들을 때 횡재한 기분이 든다. 남의 말에서 내가 쓸 수 있는 내용이 있을 때다. 최신 뉴스나 최근의 유행, 트렌드, 새로운 사실이나 정보, 멋있는 표현, 인용할 거리 같은 것들 말이다. 이런 얘기를 들으면 저절로 솔깃해지고, 메모하게 된다. 왜 그런지 생각해보면, 기억해뒀다 써먹으려고 그런 거였다.

말에서 참신한 시각이나 해석을 얻었을 때도 고맙다. '아, 이것을 저렇게 생각할 수도 있구나', '저런 측면에서 볼 수도 있겠구나' 이렇게 배울 게 있는 말을 들을 때 고맙다. 이런 말을 들으면 내 나름의 관점이 생긴다. 그러니까 생각을 만들어 주는 말인 것이다.

재미를 주는 말도 좋다. 주로 이야기이다. 이야기를 들으면 서 웃고 유쾌한 시간을 보내는 것, 즐거운 일이다.

해법이나 대안 같은 아이디어를 얻었을 때도 기쁘다. 누군가 내가 고민하던 문제의 해결책을 제시해주든가, 내가 생각해오 던 것과 다른 대안을 줬는데 그게 쓸모 있으면 반갑고 즐겁다.

위로와 희망과 용기를 주는 말이다. 듣고 나면 힘이 불끈 솟 고 의욕이 샘솟는, 밝고 따뜻한 햇살 같은 말을 들었을 때다.

통찰을 일으키는 말이다. 머리를 끄덕이게 하는 수준을 넘 어 울림이 있는 말이다. 머리를 한 대 망치로 맞은 것 같은 깨 달음이 오거나, 가슴에 손이 올라갈 정도의 깨우침을 주는 말 이다. 깨달음은 주로 머리로 온다. 하지만 깨우침은 가슴으로 온다. 양심을 건드려 반성하고 회개하고 행동하게 한다.

끝으로, 꿈을 만들어주는 말이다. 이런 말은 평생 한두 번 만 나기 어렵다. 이런 말에 의해 인생 행로가 바뀌기도 한다. 그 래서 이런 말은 위대하다.

말로
쓰자

『대통령의 글쓰기』란 책을 들어본 적 있는가. 한때 장안의 화제였고, 지금도 스테디셀러인 책이다. 내 책이지만 나는 이 책을 쓰지 않았다. 5년간 말했다. 청와대를 나와 5년간 나는 이야기를 했다. 만나는 사람마다 내게 물었다. 청와대에서 겪은 재미있는 에피소드 없냐, 노무현 대통령은 어떤 분이냐, 연설비서관은 뭐 하는 사람이고, 대통령 연설문은 어떤 과정을 거쳐 만들어지는지. 수많은 사람의 질문에 말로 답했다. 계속하다 보니 내 답변이 점점 나아진다는 걸 느꼈다. 말이 진화하고 있구나. 말해봐서 반응이 나쁘면 그 말은 다음엔 하지 않거나 다르게 말하고, 반응이 좋은 말은 기억해뒀다가 다시 써먹다 보니, 반응이 좋은 말들만 가려지게 되었다. 그렇게 추려진 말들이 책이 됐다.

노무현 전 대통령도 내게 말을 해주었다. 구술을 해준 게 글이 됐다. 그분은 말을 하면 생각이 더 잘 나고, 생각이 정리된다고 했다. 맞는 말씀이었다. 나도 요즘 기고할 일이 있으면 아내에게 말해본다. 산책하거나 마트 오가는 길에 운전하며 말한다. 말하면서 이 내용은 메모해달라고 부탁도 하고. 그러다 보면 '아, 이렇게 쓰면 되겠구나' 하는 흐름이 잡힌다. 아내에게 말하지 못할 때는 혼잣말로 해본다. 그러면 글이 나온다. 말이 글이 되는 것이다.

출판사에서 일할 때도 저자와 인터뷰하거나 저자 강연을 녹취해서 책을 만들기도 했다. 말의 분량이 8시간에서 10시간 정도 되면 책 한 권이 나온다. 방법은 세 가지다. 구술을 받거나, 인터뷰를 하거나, 강연을 따라다니며 녹음했다.

말과 글은 별개가 아니다. 글을 잘 쓰려면 말을 잘해야 한다. 말을 잘하려면 글을 잘 써야 한다. 다시 말해 글을 잘 쓰면 말을 잘할 수 있다. 말을 잘해도 글을 잘 쓸 수 있다. 이쯤 얘기하면 이런 질문을 할 수 있다. 말은 잘하지만 글을 못 쓰는 사람도 있고, 글은 좀 쓰는데 말하는 걸 두려워하는 사람도 있지 않느냐고.

왜 그럴까? 이유는 간단하다. 많이 안 해봐서 그렇다. 말은 잘하지만 글쓰기가 어려운 사람은 글을 많이 안 써봐서 그렇고, 그 반대도 마찬가지다. 외향적, 내성적 성격도 영향을 미칠 수 있지만, 성격 또한 많이 해보면 극복할 수 있다.

말과 글은 생각과 감정의 표현이란 점에서 그 뿌리가 같다. 표현 방식도 크게 다르지 않다. 다만, 이런 점은 다르다. 우선, 말은 대상을 앞에 두고 한다. 상대 반응을 살펴 가며 말할 수 있다. 상대가 내 말을 알아듣고 있는지, 지루해하진 않는지 즉각적으로 알 수 있다. 그에 따라 말의 내용과 방향을 바꿀 수 있다. 글쓰기는 그렇지 않다. 독자가 눈에 보이지 않는다. 독자의 반응을 알 수 없는 것이다. 벽에 대고 말하는 것과 같다.

말은 또한 말투, 표정, 손짓의 도움을 받는다. 말은 내용이 정교하지 않아도, 부족한 부분을 표정과 손짓으로 보완할 수 있다. 그러나 글은 순수하게 문자 그 자체만으로 의사소통을 해야 한다.

끝으로, 말은 즉시 해야 한다. 글은 써놓고 고칠 수 있지만, 말은 퇴고가 가능하지 않다. 글은 쓰기 전에 자료도 찾아보고 준비를 하지만, 말은 대부분 준비 없이 즉각적으로 해야 한다. 이러한 말의 즉흥성이 부담스럽다는 사람도 있을 수 있다. 하지만 누가 뭐라 해도 말하기가 글쓰기보다 쉽고 재미있다는 걸 부인할 수 없다. 우리는 태어나서 말을 먼저 배웠다. 말은 가깝고 글은 멀다.

말한 것을 글로 바꾸면 그냥 쓴 글보다 더 잘 읽힌다. 이유는 세 가지다. 첫째, 구어체라서 그렇다. 누구나 읽는 것보다는 듣는 게 더 쏙쏙 들어온다. 어려운 내용도 말로 설명해주면 글보다 이해가 잘 된다.

둘째, 독자의 반응을 미리 알고 쓰기 때문이다. 글은 내 손을 떠난 뒤 독자의 반응이 온다. '다짜고짜 이게 무슨 소리야? 찬찬히 설명해봐', '그래서 하고 싶은 얘기가 뭔데? 결론이 뭔데?' 이땐 이미 늦은 것이다. 독자의 지적과 짜증을 듣는 수밖에 없다. 그런데 말을 해보면 이런 반응을 먼저 알 수 있고, 그걸 반영해서 쓸 수 있다.

셋째, 말은 글에 비해 꾸미거나 욕심부릴 여지가 없다. 직설적으로 핵심에 들어가게 된다. 물에 빠진 사람은 "사람 살려" 하고, 도둑이 들어오면 "도둑이야" 한다. 군더더기가 없다. 그러나 글은 다르다. 더 아는 것처럼 보이기 위해, 잘 쓴다는 것을 과시하기 위해 궁리한다. 결과적으로 말에 비해 자연스럽지 않다. 말이 더 직관적이고 생생하다.

남 앞에서 말하는 게 어려우면 혼잣말도 좋다. 먼저 말해보고 글을 써라. "사느냐 죽느냐, 그것이 문제로다." 생사를 건 햄릿의 무거운 고뇌도 혼잣말이었다.

말을 잘하기 위한
여섯 계단

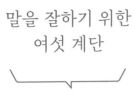

말을 잘하기 위한 1단계 계기

말 잘하는 사람들의 공통점이 있다. 그런 공통점 중 하나가 처음부터 말을 잘하지 못했다는 점이다. 오히려 개그맨 유재석 씨처럼 낯을 가리고 부끄러워하거나 사람을 만나 대화하는 것조차 힘들었던 사람이 많다.

누구나 어느 날 갑자기 말을 잘할 수 없고, 말을 잘하게 된 과정이란 게 있는데, 그 첫 번째 단계는 말을 잘해야겠다고 마음먹는 계기이다. 학창 시절 선생님에게 "너는 참 말을 잘하니 아나운서가 되는 게 어떻겠느냐"는 소리를 들었다든가, 아니면 직장에서 말을 못한다고 상사에게 호되게 꾸지람을 들었다든가 말이다.

내게도 계기가 있었다. 초등학교 3학년 때 좋아하는 여학생이 있었다. 그 친구는 반에서 1, 2등을 다툴 정도로 공부를 잘

했고 집도 부자였다. 당시 학기 초에 '가정환경조사'라는 게 있었는데, 선생님이 학생들에게 "너희 집 얼마나 잘 사니?"라고 묻는 행사였다. 집에 TV 있는 사람? 냉장고 있는 사람? 피아노 있는 사람? 내가 좋아했던 그 친구는 이 모든 물음에 다 손을 들었다. 심지어 2층 집에 사는 사람이란 질문에도 손을 내리지 않았다.

바로 그 친구 생일잔치에 초대받았다. 우리 반에서 다섯 명이 초대받았으니 내가 그 '빅5' 안에 든 것이다. 성심성의껏 선물을 준비했다. 친구 생일선물을 사야 하니 돈을 달라 할 수 없던 그 시절, 한 달 전부터 용돈을 모았다. 그리고 결전의 날 아침, 낙타표 연필 한 다스를 예쁜 종이에 고이고이 쌌다. 준비는 완벽했고, 그녀 집으로 가는 내 발걸음은 337 박수처럼 리드미컬했다.

문제는 축하 파티가 시작될 즈음 벌어졌다. 그녀의 엄마가 난생처음 보는 물건을 들고 나타난 것이다. "마이크에 대고 축하의 말을 한마디씩 하렴." 아뿔사! 나는 할 말이 없었다. 더욱이 그녀 앞에서 한마디를 하라니. 전혜린의 책 제목처럼 '그리고 아무 말도 하지 않았다'. 아니 하지 못했다. 그때 나는 말을 잘해야겠다는, 아니 잘해야 한다는 생각을 했다.

계기는 또 있었다. 초등학교 5학년 때 담임선생님께서 생활

기록부에 '말수가 적고 친화력이 부족함'이라고 썼다. 그때 생각했다. '엄마가 없는 내게 선생님이 편견을 갖고 계시구나.' 당시는 편견이란 말을 몰랐겠지만, 어렴풋이 그런 생각을 했다. 엄마가 없어 우울하고, 우울하니까 말수가 적다고 생각하고 계시는구나. 그때부터 의도적으로 말을 많이 했다. 쉬는 시간에는 내 자리 주변에 친구들이 모여들게 했다. '떠든 사람'으로 칠판에 이름이 적히기를 바랐다. 그러다 보니 별명이 '스마일'이 되어 있었다. 그때부터였던 것 같다. 억지로 말하기 시작했던 게.

말을 잘해야겠다고 마음먹는 계기는 아주 가까운 데 있다. 찾고자 하는 사람에겐 오늘 당장에라도 온다. 계기를 만들어보자. 말하기 관련 동영상 강의를 들어도 좋고, 관련 책을 읽는 것도 효과적인 방법이다. 이도저도 귀찮으면 TV에 나오는, 말 잘하는 사람을 유심히 관찰해보기 바란다. '아, 나도 저 사람처럼 말을 잘했으면 좋겠다'는 생각이 문득 들 수 있다. 바로 그 순간이 변화의 계기가 된다. 그리고 계기는 새로운 발전의 시작이고, 시작이 반이다.

말을 잘하기 위한 2단계　동기

말을 잘해야 한다는 사실을 깨닫거나, 말을 잘해야겠다고
마음먹을 수 있는 계기는 수시로 주어진다. 그러나 계기가 주
어졌다고 말을 잘할 순 없다. 계기를 통해 동기가 만들어져야
말을 잘할 수 있다. 계기는 나와 상관없이 밖에서 주어진다.
하지만 동기는 내 안에서 만들어진다. 내가 만들지 않으면 안
된다. 계기는 무시로 스쳐 지나간다. 무수히 많은 계기 가운데
붙잡은 그 무엇이 동기가 된다.

　나도 말을 잘해야겠다는 생각과, 말을 잘할 수 있다는 자신
감이 들게 한 일이 있었다. 바로 영화 〈킹스 스피치〉를 보고나
서였다. 제2차 세계대전 와중에 영국 왕위에 오른 조지 6세는
말을 심하게 더듬는다. 그래서 그의 연설은 대중에게 아무런
호응을 얻지 못했다. 그는 대중 앞에 서는 것 자체를 두려워했
다. 그런 그가 각고의 노력 끝에 말더듬증을 극복한다. 그리고
마침내 독일을 향한 선전포고 연설을 감동적으로 해낸다.

　그 후 나에게 결정적으로 동기 부여하게 한 사건이 일어난
다. 노무현 전 대통령이 마지막으로 남긴 글 가운데 이런 구
절이 있다. "책을 읽을 수도 글을 쓸 수도 없다." 그가 그런 선
택을 하게 된 이유가 이것이란 말인가. 나는 그럴 수 있다고

생각했다. 말하고 쓰는 건 그의 전부였다. 말하고 쓰기 위해 읽고 생각했다. 말한들 들어주는 사람이 없고, 쓴들 읽어주는 사람이 없는 삶. 말하고 쓰지 않으면 읽고 생각할 필요가 없었고, 그렇게 산다는 건 의미 없는 삶이었으리라. 나는 노무현 전 대통령을 보며 이 말을 믿게 됐다. "애벌레는 세상이 끝났다고 하는 순간 나비가 되어 훨훨 날기 시작한다."

나는 마음먹었다. 말하고 쓰면서 살자. 누군가는 이것을 할 수 없을 때 그런 극단적 선택까지 하지 않는가. 무엇이 무서워 쓰지 않고 무엇이 두려워 말하지 못하는가. 내가 내 말을 하는 데 무에 겁을 낸다는 말인가.

그때부터 말하기 시작했다. 낭떠러지 아래로 몸을 내던지는 심정으로 말하기 시작했다. 모든 것은 받아주는 사람의 몫이다. 나는 그저 나를 던질 뿐. 청중의 바다 위에 몸을 던지자고 마음먹었다. 어차피 나를 띄우고 가라앉히는 건 바다가 할 바다.

말을 잘하기 위한 3단계 목적

계기가 주어지고 동기 부여가 되면 말을 잘할 수 있다. 그러나 잠깐이다. 지속적으로 오래 잘하기는 어렵다. 간간이 내가 왜 말을 잘해야 하는지 의문이 들 때가 있다. '잘할 필요 있어? 대충 살면 되지 뭐.' 이런 생각이 든다. 말을 잘하려면 노력이 필요하고, 노력하는 건 힘들기 때문이다.

단지 바라는 것과 바랄 수밖에 없는 것은 다르다. 바랄 수밖에 없는 그 무엇이 목적이다. 그래서다. 말을 잘하는 사람은 말로써 이루고자 하는 바가 있다. 말을 통해 얻고자 하는 그 무엇이 있다. 정치인, 연예인, 목회자가 그렇고, 사회생활하는 우리 모두가 그렇다. 고객에게 프레젠테이션을 잘해서 성과를 올려야 하는 영업사원, 부하 직원을 설득해서 부서 목표를 달성해야 하는 상사, 아들딸을 보다 나은 길로 이끌어줘야 하는 부모 모두. 내게도 말을 잘해야 하는 이유가 있다.

결혼을 앞둔 형의 양가 식구들이 상견례하는 자리였다. 형의 장인이 될 사돈어른이 내게 한마디 할 것을 권했다. 얼떨결에 일어나서 주섬주섬 말을 했다. 무슨 말을 했는지 잘 기억나진 않지만, 잊히지 않는 게 있다. 대견해하는 아버님의 표정이다.

요즘도 아버님은 내가 진행하는 방송을 빼놓지 않고 들으신다. 방송에서 하는 내 말을 듣는 게 크나큰 즐거움이다. 나는 아버님에게 '잘한다'는 소리를 듣기 위해, 아버님이 동네방네 자랑하실 수 있도록 열심히 준비한다. 제법 아는 체를 하면 기특해하시고, 재치 있게 말을 잘 받아치면 신통해하신다. 돌아보면 나는 늘 그랬다. 진로를 결정해야 할 때 아버님이 흡족해하는 길을 택했다. 힘들고 어려워도 아버님이 좋아하시면 참고 했다.

말도 마찬가지다. 함께 살지 않으니 아버님은 늘 내 말을 기다린다. 방송만이 아니라 찾아와서 하는 말을 기다린다. 아버님께 기쁜 말을 전해드리기 위해서는 잘 살아야 한다. 그래야 아버님께 말을 잘할 수 있다. 적어도 나는 말을 잘해야 하는 이유가 분명하다. 아버님이 내 말의 목적이다.

말을 잘하기 위한 4단계 자존감

계기가 주어지고 동기 부여가 되고 목적까지 분명해도 막상 말하려면 두 가지가 가로막고 나선다. '못하면 어떡하지' 하는 두려움과 '남보다 잘하고 싶다'는 욕심이 그것이다.

증권사에서 7년간 일했다. 주식 가격이 떨어질 때는 더 떨어질 것 같은 두려움을 느끼고, 주가가 오를 때는 더 오를 것 같아 욕심이 생긴다. 주식투자를 잘하려면 이런 공포와 탐욕 사이에서 마음을 잘 다스려야 한다. 상황을 객관적으로 보는 평정심이 필요하다.

나는 말을 해야 하는 상황을 객관적으로 보고 그에 맞춰 생각하려고 한다. '내 말을 듣는 사람은 내가 생각하는 것만큼 내 말에 관심이 없다. 그러니 그냥 말하면 된다', '나는 내가 아는 것 이상으로 말할 수 없다. 공부하지 않고 시험을 잘 볼 수 없는 것처럼 할 말을 준비하지 않았으면 말 못하는 걸 당연하게 받아들여야 한다', '말을 잘하는 것과 호감도가 올라가는 것은 별개다. 말을 못했는데 도리어 호감도가 올라가는 경우는 많다', '말은 잘할 때도 있고 못할 때도 있다. 오늘 잘했으니 내일도 잘하란 보장도 없고, 오늘 못했으니 내일도 못하란 법도 없다' 사실이 그렇지 않은가.

말에서 이런 평정심을 가지려면 필요한 게 하나 있다. 바로 자존감이다. 말은 존재감을 느끼게 해준다. 누구나 투명인간이 되고 싶어 하지 않는다. 나도 의견이 있다고, 나 여기 있다고 말하고 싶다. 내 말이 나니까, 말하지 않으면 나는 없으니까. '나는 나대는 것 싫어한다'라고 말하는 사람도 나쁜 반응이 두려워서 그럴 뿐 실은 말하고 싶다.

독일 철학자 악셀 호네트(Axel Honneth)는 사람은 누구나 자신의 존재를 인정받기 위해 평생 투쟁한다고 했다. 그런데 무엇으로 인정을 받겠는가? '내가 어느 학교를 나왔고 누구의 자식입니다', '내가 몇 평 아파트에 살고 연봉이 얼마입니다'로 인정욕구가 충족될 수 있을까. 자신의 생각과 감정이 담기는 말, 그러니까 나 자체인 내 말에 대한 평가가 진정한 인정

아닐까? 나아가 말을 잘해야 남을 돕고 남에게 영향을 미치면서 자아실현의 기쁨을 누릴 수 있지 않겠는가. 결국 자존감은 이런 인정과 존재 가치의 확인, 그리고 자아실현의 기쁨을 통해 만들어지고 단단해진다.

내가 자존감을 키운 방법은 이렇다. 그 하나는 내가 관심 있고 잘 아는 분야에 관해 집중적으로 말하는 것이다. 나는 그것이 글쓰기와 말하기이다. 만나는 사람마다 글쓰기와 말하기에 관해 말한다. 그럴 때 나는 존재감을 느끼고 나의 존재 가치를 확인한다.

말로써 자존감을 키운 다른 방법은, 내가 잘할 수 있는 말의 비중을 늘리는 것이다. 말은 여러 분야가 있다. 회사 생활만 해도 발표, 회의, 토론, 질문, 지시, 설명, 대화 등 다양하다. 이 가운데 상대적으로 자신 있는 분야의 말을 많이 하는 것이다. 나는 방송을 진행하거나 강의를 할 때보다 누군가의 말에 대답했을 때, 다시 말해 인터뷰에 응할 때 진가를 발휘한다. 대답하는 말을 할 때 스스로 재미를 느끼고, 동영상 조회수도 많이 나온다.

누구나 자신이 잘할 수 있는 말의 테마와 장르가 있다. 그것을 찾아보자. 그리고 그것에 집중해보자. 거기서 얻은 자신감과 높아진 자존감으로 영역을 넓혀나가자. 관련 테마와 인접

장르로 확대해가자. 나는 글쓰기에서 출발해 말하기로 확장했고, 강연에서 방송으로 범위를 넓혀왔다.

처음부터 모든 걸 잘하겠다고 덤벼드는 게 문제다. 그것이 욕심을 낳고 두려움을 부른다. 말을 잘하는 사람 모두 시작은 미미했다. 잘하는 것부터 시작해 야금야금 넓혀왔을 뿐이다.

말을 잘하기 위한 5단계 기회

자존감이 높아진 사람은 말에서 욕심을 내거나 말을 두려워하지 않는다. 그냥 말한다. 그럼으로써 말할 기회를 자주 갖는다.

첫째, 길게 말하려 하지 말고 자주 말해야 한다. 친구들과 대화할 때도 오랫동안 말을 붙들고 있지 말고, 자주 끼어들어야 한다. 오래 말하는 건 어려운 일이다. 굳이 사서 고생할 이유가 없다. 짧게 여러 번 말하면 된다. 오래 듣고 잠깐 잠깐 추임새를 넣는 것도 그중 하나다. 짧게 여러 번 말하는 건 어렵지도 않거니와 함께 얘기하는 사람들에게 좋은 인상도 준다. 축구할 때 혼자 공을 몰고 가지 않고 주고받으며 갈 때 보는 사람도 재밌고 결과도 좋지 않던가.

둘째, 말할 기회를 스스로 만들어야 한다. 모임에 나가는 건 물론 모임을 만드는 사람이 되어야 한다. 친구 모임을 생각해보면 세 부류의 사람이 있다. 누가 불러도 나가지 않는 사람과 나오는 사람, 그리고 자신이 모임을 만들어 부르는 사람. 세 번째 부류의 사람이 되어야 한다.

셋째, 고독하기를 권한다. 사람을 만나 말하는 것만이 능사가 아니다. 때로는 혼자 있어야 한다. 길을 걷거나 버스를 타고 갈 때, 혹은 잠들기 전에 혼자 말해보라. 해본 말을 하는 것과 한 번도 해보지 않은 말을 하는 건 하늘과 땅 차이다. 아무 주제나 좋으니 시시때때로 그 무엇에 관해 말해보자. 그것이 곧 사색이고 말하기 연습이다.

말은 해봄으로써 잘할 수 있다. 말하지 않고 말을 잘할 방법은 없다. 말을 배우고 익히는 가장 좋은 방법은 말을 많이 해보는 것이다. 말하자. 그냥 말하자.

말을 잘하기 위한 6단계 즐거움

"무언가를 아는 사람은 좋아하는 사람을 이길 수 없고, 좋아하는 사람은 즐기는 사람을 이길 수 없다"라는 말이 있다.

말하기가 딱 그렇다. 많이 아는 사람보다는 말하기를 좋아하는 사람, 나아가 즐기는 사람이 말을 더 잘할 수 있다. 그렇다면 좋아하는 것과 즐기는 것의 차이는 무엇인가. 즐거움은 좋아하는 것을 포함한다. 좋아하지만 즐기지 않을 순 있어도 즐기는 걸 좋아하지 않는 경우는 없다. 좋아하는 것 안으로 들어가 그것과 하나 되는 게 즐기는 것 아닐까. 노래를 생각하면 쉽다. 노래를 좋아하지만 부르는 것을 즐기지 않는 사람이 있다. 하지만 노래를 부르거나 듣는 걸 즐기는 사람이 노래를 좋아하지 않는 경우는 없다.

이제 나는 말을 즐긴다. 강연을 앞두고 조마조마한 마음, 그 두근거림을 즐긴다. 강연을 준비하면서 이전까지 하지 않았던 새로운 말을 찾았을 때 짜릿한 즐거움이 있다. 강연하면서 마주하는 청중들의 시선과 내 말의 흐름 위에서 파도를 타는 재미가 있고, 내가 경험한 일, 내가 아는 것을 나누는 즐거움이 있다.

말하면서 느끼는 가장 큰 즐거움은 성장의 기쁨이다. 나는 나의 말을 늘 눈여겨본다. 그리고 스스로 평가한다. 그러면 1년 전보다 지금 하는 말이, 어제보다 오늘 한 말이 나아져 있는 걸 시시때때로 발견하고 확인한다. 심지어 하루 사이에도 말이 성장한다. 아침에 아내에게 한 말을 점심 때 친구 만나서 하고, 또 저녁 모임에 나가 말해보면 아침보다 눈에 띄게 낫다. 이렇게 말은 자라난다. 말이 자라나는 만큼 나 또한 성장한다. 성장하고 성숙해지는 것, 이보다 더 큰 기쁨은 없다.

우리가 만나야
하는 이유

초등학교 때까지 아들의 장래 희
망이 회사원이었다. 왜 회사원이 되고 싶으냐고 물으니, 회식
을 하고 싶어서 그렇다고 했다. 아마도 내가 술 마시고 들어온
날, 가장 행복해 보이고 용돈도 듬뿍 주고 해서 그랬나 보다.
그런데 최근 어느 설문조사 결과를 보면 이른바 MZ세대가 가
장 싫어하는 것으로 회의와 회식이라고 답했다고 한다. 물론
아들도 장래 희망이 바뀌었다. 아들은 지금 부모와 회식하는
것도 마뜩잖아한다.

코로나로 인해 만남이 줄어들었다. 만남이 줄다 보니 대화
도 줄었다. 우리는 대화하기 위해 만난다. 밥 먹기 위해 커피
마시기 위해 만나지 않는다. 가뜩이나 우리나라는 대화가 부
족했다. 내 또래는 가정에서 부모와 자식 간 대화가 거의 없었
다. 그런 탓인지 자녀와 대화하는 게 어색하기만 하다. 학교에

가선 친구들과 얘기하면 칠판 한쪽에 '떠든 사람'으로 이름이 적혔다. 사회에 나와서도 매일반이었다. 대화보다는 지시와 명령, 상명하복이 더 효율적이라고 받아들여졌다. 상하 간 구분이 엄격해 수평적 대화가 이뤄지지 못했다. 젊은 세대의 만남 기피 경향은 더 심각하다. 만나서 대화하지 않고 메신저로 소통한다. 사람에게 묻지 않고 인터넷이나 유튜브에 묻는다.

만나야 대화하고, 대화해야 무엇이든 이루어질 텐데, 만남이 줄어드는 건 결코 바람직하지 않다. 돌아보면 모든 건 만남을 통해 이루어졌다. 첫 직장 대우증권에서 대우그룹 회장 비서실로 옮겨갈 때, 대우에서 청와대에 들어갈 때, 국민의 정부에서 참여정부로 넘어갈 때, 청와대에서 나와 이곳저곳을 전전할 때, 그리고 출판사에 들어갈 때도 누군가가 나를 소개하고 추천하고 이끌어줬다. 모든 순간에 만남이 있었다. 만남이 없었다면 그 어느 것도 이뤄지지 않았을 것이다.

만남의 대상은 세 부류가 있다. 첫 번째는 늘 만나는 사람이다. 집에서는 가족과 만나고 직장에 다니는 사람은 매일 같은 사람과 만난다. 싫으나 좋으나 만날 수밖에 없는 이들과 대부분의 일상을 보낸다. 만남이라기보다는 삶의 일부라고 할 수 있다.

두 번째 부류는 약속해서 만나는 사람이다. 학창 시절 친구일 수도 있고 사회에서 만난 사람일 수도 있다. 이들과 만나는 것은 의도적인 노력이 필요하다.

이런 만남은 그것을 대하는 태도에 따라 여러 유형으로 나뉜다. 우선, 만남 자체를 즐기거나 만남을 통해 얻고자 하는 게 분명한 사람들이다. 어느 선배가 내게 이렇게 말했다. "평생 점심값은 내가 낸다고 작정하고 살면 성공할 수 있다"고. 이 선배는 점심 약속이 비어 있으면 안절부절못한다. 한 달 내내 약속이 빼곡하다. 나는 이런 유형은 아니다. 누군가 만나자고 하면 마지못해 만난다. 때로는 의무감에 만나기도 한다. 그러다 보니 만남이 잦지 않다. 나보다 더 심한 유형도 있다. 은둔형이다. 거의 약속을 잡지 않는다. 동창회나 각종 모임에 얼굴을 비치지 않는 것은 물론이고, 먹고사는 일이 아니면 사람을 만나지 않는다.

만남의 대상이 되는 세 번째 부류는 새롭게 만나는 사람이다. 누군가의 소개를 받거나 새로운 모임에 나가 모르는 사람과 만나는 경우다. 이 만남이 없으면 관계가 확장되지 않는다. 만나는 사람만 늘 만나게 된다. 나이 먹을수록 이런 만남은 줄어들게 된다. 상급 학교에 진학하면서, 또 새로운 직장에 들어가서 새로운 사람을 만나게 되는데, 나이 들수록 이런 일이 거의 없다시피 하다. 그동안 알았던 사람이나 잘 관리하며, 그들과 함께 늙어가자고 마음먹는 사람이 대부분이다. 나는 다행히 새롭게 만나는 사람이 많다. 강의하고 방송하면서 매일매일 새로운 사람을 만난다.

말을 잘하려면 사람을 만나야 한다. 사람을 만나면 세 가지를 얻는다. 첫째, 말해볼 수 있는 기회를 얻는다. 말은 하면 할수록 늘게 돼 있다. 사람을 만나지 않으면 말할 일이 없고, 말과 점점 멀어질 수밖에 없다. 둘째, 지식과 정보를 얻을 수 있다. 지식과 정보는 책이나 방송에서도 얻을 수 있지만 사람에게 듣는 게 생생하고 기억도 잘 된다. 셋째, 말하는 법을 배우게 된다. 어떤 사람에게선 '저렇게 말하면 안 되겠다'는 걸 깨닫고 또 다른 사람에게서는 '나도 저 사람처럼 말하고 싶다'는 마음을 얻는다.

당신은 어떤 유형의 만남을 갖고 있으며, 만남에서 무엇을 얻고 있나?

인터뷰도
기술과 노력이
필요하다

우크라이나 태생의 노벨문학상 수
상 작가 스베틀라나 알렉시예비치(Svetlana Alexievich)는 이렇게
말했다. "구체적인 시간 속에 살고, 구체적인 사건을 겪은, 구
체적인 사람을 연구하면서, 다른 한편으로는 영원한 인간을
들여다봐야 한다." 인터뷰를 어떻게 해야 하는지 말한 것이다.

나는 기업 홍보실에서 사보와 사내 방송을 담당하면서 인
터뷰를 많이 했다. 노무현 전 대통령 연설문을 쓸 때도 대통령
의 얘기를 듣고 썼으니 수시로 인터뷰를 한 셈이다. 인터뷰는
쉽지 않다. 많은 준비와 노력이 필요하다.

누구나 인터뷰할 일이 많다. 회사 면접관만 인터뷰하는 건
아니다. 누군가와 만났을 때 자신이 대화를 주도해야 하면 모
두 인터뷰 상황이다. 어떻게 해야 인터뷰를 잘할 수 있을까.

우선 인터뷰 대상자 선정을 잘해야 하고, 선정한 사람을 섭

외할 수 있어야 한다. 그러기 위해서는 인간관계 폭이 넓고, 사람들과 좋은 만남을 유지해야 한다. 질문지 작성 등 준비를 철저히 하는 것은 기본이다. 질문지 작성을 위해서는 공부가 필요하다. 만나는 사람이 어떤 사람인지, 그가 하는 일의 분야는 어떤 특성을 갖고 있는지 배경지식이 있어야 한다. 연극인을 만나려면 그가 출연한 연극을, 소설가를 만나면 그가 쓴 소설을 대략적으로라도 알아야 한다. 질문지 작성 과정은 대화 소재를 발굴하고 상대에 대한 이해를 높이는 기회가 된다.

인터뷰 대상을 만났을 때 어색하고 서먹한 분위기를 깨는 일도 중요하다. 인터뷰이가 인터뷰하는 사람을 믿고 편안하고 허심탄회하게 말할 수 있도록 만들어야 한다. 인터뷰 시작하고 얼마나 빠른 시간 안에 아이스브레이킹(ice breaking)할 수 있느냐가 관건이다. 유재석 씨 같은 프로 인터뷰어는 상대를 무장해제시키는 능력이 탁월하다. 이런 역량이 부족한 나는 인터뷰가 거의 끝나갈 무렵에 인터뷰이의 진심을 듣는 경우가 많고, 심지어 인터뷰가 끝난 다음에 듣기도 한다. '아, 이 얘기를 방송에서 해주셨어야 하는데' 하는 아쉬움을 느끼면서 말이다.

준비한 질문만으로 인터뷰를 끌어가서도 안 된다. 각본에 따라 질문하면 재미도 없고, 좋은 답변을 이끌어낼 수도 없다.

인터뷰이 대답을 듣고 추가 질문과 보충 질문을 할 수 있어야 한다. 꼬리에 꼬리를 물 수 있어야 한다. 그래야 깊이 있는 답변 내용을 끄집어낼 수 있고, 자연스러운 대화가 이어진다. 인터뷰는 취조가 아니다. 대화여야 한다. 준비한 질문만 하면 인터뷰가 대화 같지 않고 취조 비슷하게 된다. 자신이 의도한 답변을 얻기 위해 다그쳐서도 안 된다. 답은 정해져 있고 넌 대답만 하라는 '답정너'는 곤란하다. 생각보다 쉽지 않다. 인터뷰이에 대해, 그리고 그가 하는 일에 관해 궁금증과 호기심이 있어야 하고, 공감 능력이 있어 그의 말에 감정이입과 역지사지가 되어야 한다.

아는 체해서도 안 된다. 사전취재나 조사는 충분히 해가되, 알아도 모른 척해야 한다. 그래야 인터뷰이가 신나게 말한다. 상대가 하고 싶은 말을 물어보는 것도 중요하다. 자랑하고 싶거나, 해명하고 싶은 내용이 분명 있다. 그런 내용을 말할 수 있는 기회를 줘야 한다. 가르치려 들어선 물론 안 된다. 배우려는 자세로 궁금한 걸 하나씩 하나씩 물어야 한다. 새로운 것을 아는 게 신기하고 재미있다는 표정으로 말이다.

인터뷰는 세 가지 방식으로 가능하다. 직접 만나서 진행하는 대면 인터뷰가 가장 바람직하다.

하지만 그럴 여건이 안 되면 전화 인터뷰를 한다. 얼굴 표정

등을 볼 수 없기 때문에 여러 면에서 한계가 있다. 대면이나 전화 인터뷰 모두 어려울 때는 서면으로 해야 한다. 질문지를 보내고 그에 답하는 방식으로 진행하는 것이다. 서면은 대답하는 사람이 차분하게 시간을 갖고 답할 수 있다는 장점이 있지만, 현장감과 생생함이 느껴지지 않는 게 단점이다.

인터뷰한 내용을 글로 쓰는 방법은 여럿 있지만 크게 보면 세 가지다. 질문 답변 내용을 요약만 해서 일문일답 형식으로 쓰거나, 답변 내용을 녹여서 쓸 수도 있다. 나아가 인터뷰어가 나름대로 해석해서 쓸 수도 있다. 유념해야 할 것은 그 사람을 빌려 자기 말을 해서는 안 된다는 것이다. 그 사람의 말을 해야 한다. 하지만 그 사람도 모르는 그 사람의 얘기를 꺼내 글로 써주는 건 좋다. 그건 탐구 수준을 넘어 새로운 발견을 하는 일이 된다. 그 정도가 되면 창작이고 창조 행위라고 할 수 있다.

인터뷰는 듣기와 말하기, 쓰기 훈련을 동시에 할 수 있는 좋은 수단이다. 인터뷰 글을 쓰려면 질문해야 하고, 잘 들어야 하고, 그 내용을 글로 옮겨 적어야 해서 그렇다. 말하기, 듣기, 쓰기라는 세 마리 토끼를 함께 잡고 싶은 사람에게 인터뷰 글쓰기를 권한다. 두 사람이 짝을 지어 한 사람이 다른 사람에게 질문하고, 들은 내용을 글로 작성해보라. 또 반대로 역할을 바꿔 질문하고 답해도 좋다. 친구끼리 카페에 앉아 얼마든지 해볼 수 있다. 가족과도 인터뷰를 해보자. 손자 손녀나 아들딸이 할아버지 할머니, 엄마 아빠와 할 수 있다. 제자가 스승을 인터뷰할 수도 있고, 사원이 사장이나 임원을 만나 할 수도 있다. 인터뷰가 글이 되고 책이 된다. 서로가 서로를 이해하는 기회가 되는 덤까지 얻을 수 있다.

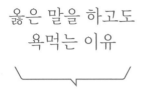

옳은 말을 하고도
욕먹는 이유

내 친구가 물었다. 사람들이 가장 싫어하는 말이 무엇인지 아느냐고. 욕설이나 상대를 무시하는 말? 아니면, 잘난 체하는 말? 아니란다. 옳은 말을 기분 나쁘게 하는 경우란다. 말의 옳고 그름보다는 들은 사람의 기분이 더 중요하다는 것이다. 들어보니 그럴듯하다. 옳고 바른 소리는 듣는 사람에게 부담을 준다. 싫어도 따라야 할 것 같고, 바르지 못한 자신을 자책하게 만들기도 한다.

듣는 사람의 기분을 좌우하는 것은 무엇일까. 그것은 바로 말하는 사람의 태도이다. 어떤 태도로 말하느냐에 따라 듣는 사람의 기분을 좋게 하기도 하고 나쁘게 하기도 한다. 지켜야 할 태도는 그 대상에 따라 세 종류가 있다.

첫 번째는 말하는 내용을 대하는 태도이다. 대충 말하지 않고, 사실과 진실을 추구하는 자세 같은 것 말이다. 그런 사람의 말은 믿을 만하다.

두 번째는 듣는 사람을 대하는 태도이다. 듣는 사람을 존중하는 자세여야 한다. 친한 관계에서도 상대는 안다. 친구처럼 말해도 상대가 나를 존중하는지 무시하는지. 상대를 존중하는 가장 쉬운 방법이 있다. 자신을 낮추고 겸손하게 말하면 된다.

세 번째는 말하는 사람이 세상을 대하는 태도이다. 그것이 얼마나 참되고 진지한지, 말만 앞서지 않고 실천이 따르는지, 자기중심적인지 이타적인지. 말을 들어보면 이런 태도가 읽힌다. 태도가 좋은 사람은 호감이 간다. 가까이하고 싶고, 닮고 싶다.

부탁을 하거나 거절할 때, 혹은 불만을 토로하거나 꾸짖을 때, 심지어 칭찬이나 축하같이 듣기 좋은 말을 할 때도 태도는 중요하다. 태도가 나쁘면 축하해주고도 욕먹을 수 있고, 태도가 좋으면 불편한 감정을 드러내도 크게 문제가 되지 않는다.

정부 고위 관리가 상승 추세를 나타내는 경제지표를 근거로 "경제가 좋아졌다"라며 그 공을 정부의 성공적인 경제 운용으로 돌리는 듯한 말을 했다고 해보자. 지표도 사실이고 틀린 말은 아닌데 듣는 사람은 왠지 기분이 좋지 않다. 그 말을 한 고위 관리의 태도가 마음에 들지 않는 것이다. 그러면 반응은 뻔하다. "좋아지긴 뭐가 좋아져. 그렇게 경제가 좋다는데

나는 왜 이래. 지금 장난해?" 본전은커녕 되로 주고 말로 받는 결과만 초래하게 된다.

사람들은 말을 듣는 것 같지만 태도를 함께 본다. 그리고 그 태도에 더 큰 영향을 받는다.

기껏 옳은 소리 하고 손가락질당하는 일은 없어야 할 것이다.

태도는 말의 기본에 해당한다. "당신은 말하는 기본이 안 돼 있어" 하면 태도를 지적하는 것이라고 보면 된다. 이를 노래에 비유해보자. 노래를 잘한다는 기준은 무엇일까. 우리는 어떤 사람을 보고 노래를 잘한다고 할까. 내 기준은 이렇다. 우선, 음정 박자가 맞아야 한다. 음치는 아니어야 한다는 말이다. 고유의 음색이 있고 가창력까지 좋으면 더할 나위 없겠지만, 기본부터 갖추는 게 먼저다. 가사 전달도 중요하다. 그것이 듣는 사람에 대한 최소한의 배려이다. 혼자 흥에 겨워, 자기감정에 취해, 무슨 내용인지조차 모르게 부르는 건 노래하는 사람의 자세가 아닐 것이다. 감정 표현을 잘하고 메세지의 울림이 있는 건 다음 문제이다. 말도 매한가지다. 기본을 지키는 것이 중요하다. 바탕에 충실해야 한다. 한마디로 매너가 좋아야 한다.

매너는 말하는 사람의 분위기이다. 말하는 사람에게서 나는 향기 같은 것이다. 말은 그런 분위기 위에 지어진 집과 같다. 기초가 부실하면 아무리 멋진 집도 오래가지 못한다. 자기가 매너가 있는지 없는지 스스로는 잘 모른다. 하지만 남들은 안다. 하루하루 우리는 그런 평가를 받고 있다. 자신도 당장은 모르지만 나중에는 알게 된다. 지나고 나서 그때 왜 그랬는지 진저리 친 경험 있지 않나?

말의 매너도 3단계가 있다. 첫 번째는 예의의 단계이다. '내가 누군지 알아?'와 같이 갑질하는 말은 예의가 없는 것이다. 코로나 국면에서 많은 사람 앞에서 긴말을 늘어놓는 것도 마찬가지이다. 그러면 '에티켓이 없다', '상식이 부족하다'는 소리 듣게 된다. 이 수준의 사람들은 자기에게 무슨 문제가 있는지조차 알지 못한다.

두 번째는 배려의 단계이다. 코로나 국면에서 많은 사람 앞에서는 말하기를 삼가는 것. 내 말이 다른 사람에게 어떤 감정을 불러일으킬지 생각해보고 말하는 것. 당사자가 없는 데서는 험담하지 않는 것. 남을 배려하는, 교양 있는 사람의 조건들이다. 그런 사람은 적어도 말로 인해 해를 당하거나 욕먹지 않는다.

세 번째는 존중의 단계이다. 배려가 소극적이라면 존중은 적극적이다. 배려가 상대에게 맞춰주는 것이라면 존중은 관계에 합당한 말을 하는 것이다. 부모는 부모로서, 자식은 자식으로서, 친구는 친구로서, 혹은 선생이나 제자로서 해야 할 말을 하는 것이다. 그것이 상대를 존중하는 말이고, 최상의 매너이다.

내가 하고 싶은 말이 있어도 참을 줄 알면 예의 있다는 소릴 듣고, 남들이 듣고 싶어 하는 소리를 하면 배려가 깊다는 소리를 듣고, 마땅히 해야 할 말을 할 때 품위 있다는 소릴 듣는다.

터가 좋아야 집이 번듯하듯, 태도가 반듯해야 말이 좋다. 좋은 태도와 매너에서 피어나는 말의 향기는 그 어떤 향수보다 향기롭다.

시작과 끝이
좋으면 다 좋다

세상 모든 일이 그렇듯이 말도 시작과 끝이 좋으면 다 좋다. 먼저, 말은 시작이 좋아야 한다. 운을 잘 떼면 실마리가 풀리듯 뒤가 술술 풀린다. 말하는 사람의 긴장도 풀린다. 반대로, 첫 단추를 잘못 끼우면 말이 엉키기 시작한다. 그런 점에서 첫마디는 말의 물꼬를 트고 성패를 가늠하는 역할을 한다.

첫마디는 주의를 집중하게 만드는 효과도 있다. 첫마디에서 청중을 낚는 데 실패하면 게임 오버다. 뿐만 아니라, 처음 만나는 사이면 첫인상을 좌우하기도 한다. 연설이건 강연이건 시작이 절반이다. 여러 가지 방법이 있다.

첫째, 소감으로 시작하는 것이다. 기쁘다든지, 영광스럽다든지, 반갑다든지, 이런 말로 그 자리에 참석한 소회를 밝히는 방식이다.

둘째, 장소나 시간에 의미를 부여할 수도 있다. "이 늦은 시간에", "뜻깊은 곳에서"와 같이 말이다. 참석한 사람에 초점을 맞춰 "누구도 오셨고, 누구도 보이네요" 아니면 "참 많은 분이 오셨습니다"로 시작할 수 있겠다.

셋째, 감사 표시다. 할 말이 생각나지 않으면 그 자리에 있는 누군가에게 감사하거나 불러준 데 대해 고마움만 표시해도 본전 이상의 효과를 얻을 수 있다.

넷째, 질문으로 시작할 수도 있다. 수치를 제시하면서 이 수치가 무엇을 의미하는지 물어볼 수도 있겠다. '당신은 구경꾼이 아닙니다. 정신 빠짝 차리세요!' 하면서 청중을 연설 안으로 끌어들인다.

다섯째, "내가 이런 일이 있었습니다" 또는 "누군가 이런 얘기를 하더군요" 하면서 재미있는 일화를 소개할 수도 있다.

여섯째, 인간적으로 솔직하게 시작할 수도 있다. 멋쩍은 표정으로 "이런 자리 처음입니다. 제가 말을 잘 못합니다. 많이 떨립니다." 이렇게 진솔하게 출발할 수도 있다.

일곱째, 하고자 하는 말의 요점을 밝히거나, 결론부터 단도직입적으로 말할 수도 있다.

여덟째, 내 말을 끝까지 들었을 때 어떤 유익이 있을 것인지를 알려줌으로써 기대감을 높이는 것도 좋은 방법이다.

아홉째, 의표를 찌르는 시작이다. 뜬금없이, 느닷없이 한마디를 툭 던져서 청중을 어리둥절하게 만드는 것이다. "여긴 왜 오셨습니까?" 뭐 이런 식으로 말이다.

열째, 이도 저도 아니면 유머나 속담, 명언 같은 것을 인용하거나, 최근 일어난 사건, 뉴스를 언급할 수도 있다.

이 열 가지는 꼭 메모해두었다가 첫마디가 부담스러울 때 이 가운데 하나로 시작해보기를 바란다. 인상적인, 혹은 인간적인 첫마디는 말하는 사람의 인상을 좌우한다.

시작이 좋다고 끝도 좋으리란 법은 없다. 시작만큼 마무리도 중요하다. 심리학 용어에 최신효과란 게 있지 않은가. 가장 나중에 제시된 정보가 기억에 가장 잘 남는 현상 말이다. 말도 그렇다. 마지막 말이 기억에 잘 남는다. 좋은 맺음말은 여운과 울림까지도 남긴다. 용두사미가 되지 않으려면, 유종의 미를 거두려면 끝이 좋아야 한다.

그런데 멋있게 끝내기가 만만치 않다. 강의하다 보면 실컷 말을 잘하고도 마무리할 말이 마땅치 않아 얼버무리면서 끝내는 경우가 종종 있다. 그러고 나면 두고두고 찜찜하다. 들은 사람도 뒤끝이 개운치 않다.

말을 잘 끝내는 데는 어떤 방법이 있을까. 앞에서 한 말을 요약하며 끝낼 수 있다. 지금까지 무엇에 관해 말했다고 정리해주는 것이다. "다시 정리하면 가장 중요한 것은 무엇 무엇입니다." 이런 식으로 말이다.

주제를 다시 한번 강조할 수도 있다. 주제가 무엇이었다고 재차 얘기하며 마무리하는 것이다. "거듭 말씀드리지만 오늘 저는 무엇에 관해 말씀드렸습니다. 이것 하나만 기억해주시면 되겠습니다." 이렇게.

맨 앞에 얘기했던 것을 상기시키면서 수미상관 방식으로 끝낼 수도 있다. "제가 서두에 이런 말씀드리면서 시작했습니다. 기억하시죠? 네, 바로 그것입니다." 이런 식으로 말이다.

결론을 내면서 마칠 수도 있다. 해법을 제시하거나 최종 판단과 결정을 말해주는 것이다. 일종의 미괄식이다.

여러분은 어떻게 생각하느냐고 질문하거나, 속담이나 명언을 인용하면서 끝낼 수도 있다. "누군가 이런 말을 했습니다. 어느 나라 속담에 이런 말이 있습니다."

이 밖에도 여러 방법이 있다. 미진한 과제나 앞으로 풀어야 할 숙제를 제시하면서 마칠 수도 있고, 무엇인가를 당부할 수도 있다. 전망하고 예측하면서 맺을 수도 있다. 듣는 사람이 결말을 상상하거나 추리할 수 있도록 열어두는 방식도 있다. 이렇게 하자고 제안하거나, 반성하고 다짐하며 끝낼 수도 있다. 아니면 "들어주셔서 감사하다", "행운을 빈다" 등 덕담을 던지는 것으로 마무리할 수도 있다.

단 하나, 이것만은 피하는 게 좋다. 끝낼 듯 끝내지 않으면서 질질 끄는 것 말이다. 마무리한 듯하다가 다시 시작하고, 한 마디만 덧붙이겠다면서 너덧 마디를 더하고, 깜빡 잊어버린 게 생각났다며 새로운 내용을 추가하고, 노파심에 말씀드린다고 사족을 달면 정말 짜증 난다. 말도 삶도 유종의 미를 거두는 게 중요하다.

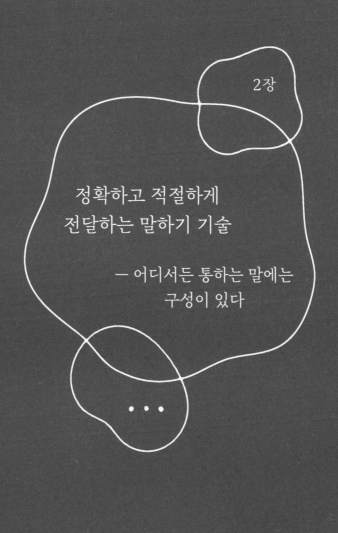

2장

정확하고 적절하게
전달하는 말하기 기술

— 어디서든 통하는 말에는
구성이 있다

말문이 막혔을 때
대처법

말해야 하는데 뭐라고 해야 할지 머릿속이 하얘진 경험이 한두 번쯤 있을 것이다. 왜 이런 현상이 벌어질까. 모르는데 아는 체해야 하는 경우 또는 하고 싶은 얘기가 없는데 말해야 하는 경우 혹은 생각을 안 해봤는데 지론을 펼쳐야 하는 경우이다. 여기서 벗어나는 길은 무엇일까.

첫마디가 떠올라야 한다. 하고 싶은 말이 분명해야 한다. 소재가 풍부해야 한다. 결론이 명확해야 한다. 이 네 가지 가운데 하나를 갖추면 막막함에서 벗어날 수 있다. 이런 막막함에서 벗어나는 나만의 방법이 있다.

첫째, 말해야 하는 내용을 찾지 않고 말하고 싶은, 말할 수 있는 내용을 찾는다. 말해야 하는 상황이나 주제에 억눌리지 않고 하고 싶은 말, 할 수 있는 말부터 시작하는 것이다. 그러다 보면 해야 할 말을 찾아 거기로 돌아오게 된다.

둘째, 이런 문장을 떠올린다. '나는 ~을 했다', '나는 ~라고 생각한다', '나는 ~이 기억난다', '나는 ~을 느낀다', '나는 ~라고 주장한다', '나는 ~을 예상한다', '나는 ~을 깨달았다', '나는 ~을 알았다', '나는 ~을 싫어하거나 좋아한다', '나는 ~을 바란다' 나는 이 열 가지 문장을 머릿속에 넣고 다닌다. 그리고 그중에 하나를 꺼내 쓴다.

셋째, 이런 다섯 단어도 떠올린다. '왜냐하면'을 떠올리며 이유를 생각한다. '이를테면'을 떠올리며 예를 든다. '다시 말해'를 떠올리며 반복 강조한다. '요약하면'을 떠올리며 정리해준다. '한마디로'를 떠올리며 규정하거나 결론을 낸다.

넷째, 행동 중심으로 접근하기도 한다. '이래왔다'라며 과거의 사실과 경험을 말한다. '이렇더라'며 현상이나 실태를 말한다. '이래서 그렇다'며 이유나 원인을 말한다. '이럴 수도 있다'며 가정한다. '이렇게 될 것이다'며 예측한다. '이렇게 하자'며 해법이나 대책을 내놓는다. '이런 게 좋다'며 효과나 이익을 강조한다.

다섯째, 쉬운 것부터 말하려고 한다. 내게 쉬운 것은 세 가지이다. 첫째, 있었던 일을 말하는 것. 내 기억을 말하는 것이다. 둘째, 느낀 점을 말하는 것. 나의 감상을 말하는 것이다. 셋째, 내가 본 것을 말하는 것. 봤던 것을 묘사하는 것이다.

여기까지 얘기한 내용은 임기응변 처방에 불과하다. 말문이 막히지 않으려면 말할 거리를 평소 마련해둬야 한다. 이것이 근본적인 처방이다.

고등학교 시절 시험 기간을 떠올려보자. 내 기억으로는 세 부류의 친구가 있었다. 첫째 부류는 수업 시간에 다른 책을 펴 놓고 공부하는 친구다. 수업 진도는 이번 시험 범위 밖의 내용 이니 선생님 말씀을 듣지 않는다. 그 내용이 다음번에는 시험 범위가 될 텐데 말이다. 그야말로 발등의 불을 끄는 데 급급한 부류다.

두 번째는 그냥 진도를 따라가는 모범생이다. 크게 실패하 지 않는 부류다.

세 번째 부류는 시험 기간에 카뮈의 『이방인』이나 앙드레 지드의 『좁은 문』을 읽는다. 전교에 이런 친구가 한두 명은 있 었다.

서론이 길었다. 결론부터 얘기하자면 이렇다. 말을 잘하려 면 자기 어록이 있어야 한다. 무슨 뜬금없이 어록이냐고? 어 록은 위인이나 유명한 사람에게나 해당되는 것 아니냐고? 맞 다. 어록은 그런 사람이 한 말을 간추려 모은 기록이다. 그런 데 내가 얘기하는 어록은 이미 한 말이 아니라 할 말에 관한 것이다.

생각해보자. 말을 해야 할 때 할 말을 찾으면 이미 늦다. 글 쓸 때는 쓸 내용을 찾아볼 수도 있고, 쓰고 나서 고칠 수도 있지만 말은 그렇지 않다. 할 말이 준비돼 있지 않으면 말을 잘할 수 없다. 말하기의 핵심은 할 말이 준비돼 있느냐, 그렇지 않느냐이다. 바로 준비된 할 말이 어록이다. 유명한 사람은 한 말을 어록으로 남기지만, 우리 같은 보통 사람은 할 말을 어록으로 준비해야 한다는 얘기다.

요리사가 요리를 한다. 어느 요리사는 평소에 물고기를 잡아두었다가 요리해야 할 때 잡아둔 고기 중에 필요한 만큼 골라 쓴다. 어떤 요리사는 요리해야 할 때마다 고기를 잡으러 나간다. 고기가 잡히지 않을까 봐 늘 노심초사한다. 어떤 고기가 잡힐지 모르니 무슨 요리를 해야 하나 걱정이다. 요리하는 일이 재밌기는커녕 두렵기까지 하다.

이에 반해 평소 고기를 잡는 요리사는 고기 잡는 일도 요리하는 것도 즐겁다. 굳이 고기를 잡을 필요가 없는 때 하는 고기잡이는 취미활동이다. 요리를 해야 할 때도 잡아놓은 고기 중에 고르는 재미가 있다.

독서와 사색이 평소 고기 잡는 일이다. 책을 읽고 동영상 강의를 듣고 사색하면 생각이라는 고기가 낚인다. 이 고기들이 말하는 데 필요한 어록이다. 앞서 얘기한, 시험 기간에 『좁은

문』을 읽던 친구는 평소 큰 그물을 드리워놓고 자기 어록을 만드는 경우다. 예습 복습 열심히 하는 친구도 평소 낚시를 해서 어록을 낚아놓는 유형이고. 수업 시간에 다른 과목 공부하는 친구는 요리를 해야 할 때 고기 잡으러 나가는 처지이다. 누구의 시험 결과가 좋았을까? 누가 말을 잘할 수 있을까?

어록은 거창한 것이 아니다. 어떤 현안이나 현상에 대한 한두 문장의 짧은 의견이면 된다. 독서와 학습이라는 생각의 바다로 나아가자. 사색의 그물로 나만의 어록을 건져 올리자.

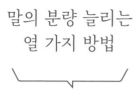

말의 분량 늘리는
열 가지 방법

필리버스터가 무엇인지 알 것이다. 국회 소수파가 장시간의 연설이나 발언을 통해 다수파의 의사 진행을 방해하는 행위를 말한다. 우리나라에서 처음 필리버스터를 행사한 인물은 고 김대중 전 대통령으로 알려져 있다. 초선이던 1964년에 5시간 19분 동안 발언한 것이 최초 기록이다. 말은 짧게 하는 게 미덕이다. 그런데 불가피하게 길게 말해야 하는 경우도 있다. 국회의 필리버스터처럼.

내가 KBS1 라디오에서 진행하는 〈강원국의 지금 이 사람〉은 27분 동안 인터뷰하는 프로그램이다.

27분이 제법 긴 시간이란 걸 방송 때마다 실감한다. 할 말이 떨어지면 방송 사고다. 방송은 3초의 침묵도 허용하지 않는다. 강의하면서도 하나의 주제에 관해 10시간 이상 말해야 할 때가 있는데, 할 말은 많지 않아 당혹스럽다. 짧게 말하는 것도 어렵지만 주어진 시간을 채우면서 길게 말하는 것도 쉬운 일은 아니다. 이런 때 쓰는 방법이다.

첫째, 의례적으로 할 수 있는 말을 준비해둔다. 음식으로 치면 밑반찬 같은 것이다. 지금 하고 있는 일을 하게 된 결정적 계기, 어릴 적 꿈, 가장 큰 영향을 준 인물, 기억에 남는 힘들었던 일과 기뻤던 일, 앞으로의 계획 등이다. 대화할 때는 상대에게 물어볼 수도 있고, 자신의 얘기로 써먹을 수도 있다. 이런 말은 차고 넘치지만, 염두에 두지 않으면 막상 써먹어야 할 때 떠오르지 않는다.

둘째, 자신보다 앞서 말한 사람의 내용에 덧붙여 말한다. 말해야 할 차례가 왔을 때, 앞서 말한 사람의 내용을 언급하며 추켜세운다. 다른 사람의 말에 무임 승차하는 것이다. 대화할 때도 상대방 말을 받아 반복하거나 간추려 정리해준다. 그런 경우 상대는 자신의 말을 의미 있게 받아들이는 사람에 대해 호감까지 느낀다.

셋째, 다방면, 다각도로 확장해서 말할 수도 있다. 한 면만 말하는 게 아니라 여러 면을 두루 말하는 것이다. 정치적, 경제적, 사회적 측면에 머물지 않고, 문화적, 외교적 측면까지 확장할 수 있고, 소비자 입장뿐만 아니라 생산자나 유통업자의 입장까지 다각도로 말할 수 있다.

넷째, 범위를 확대한다. 나와 가족에 그치지 않고 이웃, 국가, 아시아, 인류, 전 생명체로 나아가는 것이다. 회사 사장이 말할 때 임직원뿐 아니라 고객, 협력 업체, 정부에게까지 말하고, 교장 선생님도 학생만이 아니라 선생님, 행정요원, 학부모, 지역사회를 향해 말할 수 있다. 단계와 수준을 높여가며 말할 수도 있다. 초등학교, 중학교, 고등학교 등으로 단계를 높여가며 말하고, 저급, 중급, 상급 등 수준을 높이거나 내려가며 말한다.

다섯째, 구체적으로 말한다. 아무것도 모르는 어린아이에게 엄마가 알려주듯, 결과만이 아니라 배경과 과정을 상세히 말한다.

여섯째, 부연 설명을 자세히 한다. '예를 들어', '예컨대', '이를테면', '일례로' 등을 써가며 말이다. 그리고 의미 부여를 충실히 해준다. 어떤 일을 겪었다면 그 일을 통해 무엇을 배웠고, 그 일이 내게 어떤 교훈과 시사점을 줬으며, 어떤 의미였는지도 말한다.

일곱째, 반대 의견을 소개한다. 내 생각뿐 아니라 나와 상반된 의견도 알려준다. 어떤 내용이건 반드시 반대 의견이 있다. 내가 찬성하면 반대하는 사람의 입장, 내가 보수면 진보의 의견을 알려주면 된다.

여덟째, 자신이나 현재에만 국한하지 않는다. 내 얘기만이 아니라 남의 얘기, 겪은 얘기만이 아니라 상상하는 얘기까지 말한다. 자기소개를 할 때도 내 얘기만 할 필요는 없다. 부모나 친구 얘기를 할 수도 있고, 지나온 과거만이 아니라 미래까지 언급할 수 있다.

아홉째, 인용이다. 내 것만 고집할 필요가 없다. 남의 말 인용을 주저할 이유가 없다. 누가 이렇게 말했다고 말하거나 어느 책에 이렇게 쓰여 있다고 말하는 것이다. 인용하기 위해서는 읽고 들은 게 많아야 하지만, 내 말의 분량을 늘리는 데 이것만큼 좋은 게 없다. 인용은 내 말의 권위와 설득력을 높여주기도 한다. 대학 교수가 한 학기 동안 하나의 주제로 매주 2시간씩 16주 동안 말할 수 있는 비결이기도 하다.

열째, 열거 개수를 넉넉하게 늘린다. 첫째, 둘째, 셋째에서 끝날 수 있는 것을 넷째, 다섯째까지 늘린다. 예를 들어 독서를 하면 좋은 점을 3개만 말할 게 아니라 5개, 7개를 찾아서 말한다. 원인이나 이유, 방법의 개수는 얼마든지 늘려서 말할 수 있다. 살이 찌는 원인이나 술을 끊어야 하는 이유, 운동하는 방법 같은 경우 말이다. 지금 나는 열거 개수를 늘리고 있다.

이 밖에도 오감에 관해 모두 말한다. 여행을 다녀왔다면 본 것만 말하는 게 아니라 들은 것, 느낀 것, 맛본 것 등을 빠트리지 않고 말한다. 육하원칙을 모두 말한다. 누가, 언제, 어디서, 무엇을, 어떻게, 왜 했는지 조목조목 말한다.

이 가운데 하나만 활용해도 어지간한 분량은 채울 수 있다. 하지만 그렇다고 너무 채우다 넘치면 불량해질 수 있다는 사실도 명심하자.

말 잘하는
사람의 특징

"악마는 디테일에 있다"라는 말이 있다. 문제점은 세부 사항에 숨어 있다는 뜻이다. 대충 보면 쉬워 보이지만 제대로 해내려면 예상했던 것보다 더 많은 노력을 쏟아부어야 한다는 의미이기도 하다. 말하기가 그렇다. 사소한 차이가 말을 잘하는 사람과 못하는 사람을 가른다. 기본을 잘 지켜 말 잘하는 사람의 특징은 이렇다.

주어와 서술어가 따로 놀지 않는다. "잘못한 사람은 벌을 줍니다"와 같이 말하지 않고 "잘못한 사람은 벌을 받습니다"라고 말한다. 잘못한 사람은 벌을 받아야지, 잘못한 사람이 벌을 주는 건 아니니까.

앞뒤 대등 관계를 지킨다. "아들은 우등생이고 딸은 노래를 잘한다"고 말하지 않는다. 우등생과 노래는 비교 대상이 아니니까. "아들은 축구를 잘하고 딸은 노래를 잘한다"고 해야 말이 된다. 아니면, "아들은 우등생이지만 딸은 공부에 취미가 별로 없다"고 하든지.

한자어보다는 우리말을 쓰려고 노력한다. '수중'보다는 '물 속', '영토'보다는 '땅', '전신'보다는 '온몸', '목전'보다는 '눈 앞', '가가호호'보다는 '집집마다', '강하게'보다는 '세게', '하 여간'보다는 '어쨌든', '제작하다'보다는 '만들다'. 이런 식으로 말이다. 우리말이 한자어보다 더 생생하다.

말을 잘하는 사람은 숙어도 많이 알고 있다. 고등학교 때 영어 숙어는 열심히 외웠다. 그러나 정작 우리 숙어는 관심조차 없었다. 숙어는 우리말이 더 발달해 있다. 특히 몸과 관련한 숙어가 많다. '코'만 하더라도, 코가 빠지다, 코가 꿰이다, 코가 납작해지다, 코가 땅에 닿다, 코가 비뚤어지게 마시다, 코 빠 뜨리다 등 얼마나 다양한가.

양태부사 사용에도 능하다. 우리말에는 문장 전체를 꾸미는 양태부사가 많다. '과연, 어찌, 설마, 하물며, 결코, 조금도, 제 발, 모름지기, 응당, 설령, 실로, 아마, 부디, 만일, 가령' 같은 게 양태부사이다. 양태부사를 잘 쓰면 말이 맛깔스럽다.

단어의 뉘앙스 차이를 중요하게 여긴다. 부분과 부문, 공통 과 공동, 파장과 파문, 양성과 육성, 통지와 통보, 폐기와 파기, 곤혹과 곤욕 등을 구분해서 쓴다.

말의 짝을 맞춰 쓴다. 우리말에는 짝이 있는 말이 있다. '비록' 뒤에는 '~일지라도'가 와야 한다. '결코 ~하지 않겠다', '하물며 ~이랴', '왜냐하면 ~때문이다', '만일 ~라면'이 그렇다.

말 잘하는 사람은 서술어를 다양하게 쓴다. 서술어가 변화무쌍해야 말이 지루하지 않다. '공부한다'고만 하지 않고, '공부해요', '공부하죠', '공부합니다' 등으로 변화를 준다. 한 문장 안에 같은 단어를 되풀이해 쓰지도 않는다. '이 학생은 공부를 잘합니다' 하면 될 것을 '이 학생은 공부 잘하는 학생입니다'란 식으로 '학생'을 두 번 쓰지 않는다는 얘기다. 이에 반해 상투적 표현은 가급적 삼간다. 판에 박은 듯이 진부한 표현에는 이런 것이 있다. '경종을 울린다', '썰물처럼 빠져나간다', '입추의 여지가 없다', '간담이 서늘하다', '잔뼈가 굵다', '공사다망하신 가운데' 등등.

일본어 잔재도 쓰지 않으려고 노력한다. "기라성 같은 사람이 함께했다"에서 '기라성', "오늘의 대한민국을 가능하게 한 장본인이다"에서 '장본인' 모두 일본어에서 왔다. "연설에 일가견이 있다"고 할 때 '일가견'도. '기라성'은 '빛나는 별'이라고 하는 게 훨씬 더 좋지 않은가.

이 밖에도 흔히 쓰는 잘못된 표현이 많다. "좋은 하루 되세요"도 사람에게 쓸 말은 아니다. 사람은 하루가 될 수 없으니까. "좋은 하루 보내시기를 바랍니다"라고 해야 한다. 윗사람에게 "수고하십시오" 해서도 안 된다. 수고하라고 명령하는 것이니까 그렇다.

너무 시시콜콜하고, '꼰대' 같다고? 그렇게 얘기해도 어쩔 수 없다. 말은 쫀쫀해야 한다. 대범함이 자랑일 수 없다. 작은 차이가 말의 품격을 좌우하니 말이다.

묘사, 말로
그리는 그림

영어책에서 이런 구절을 본 적이 있을 것이다. "달이 빛난다고 하지 말고 깨진 유리 조각에 반짝이는 한 줄기 빛을 보여줘라." 안톤 체호프의 말이다. 설명하지 말고 묘사하라는 뜻이다.

'말하기' 하면 보통 무언가를 설명하거나 의견을 밝히는 걸 떠올린다. 하지만 의외로 묘사를 해야 하는 경우가 많다. 진상이나 경위를 파악해서 말하는 것, 새로운 흐름에 대해 조사한 결과를 말하는 것, 사실을 말하는 것, 전체 특징이나 한 부분에 초점을 맞춰 말하는 것 모두 묘사에 해당한다. 여기서 더 나아가 본 것의 의미까지 말하는 것도 크게 보면 묘사에 해당한다.

대다수 사람이 읽고 듣는 것보다는 보는 걸 좋아한다. 읽고 듣는 걸 더 좋아한다면 공부를 싫어할 이유가 없다. 태어나면 보는 걸 가장 먼저 시작한다. 보는 것에 익숙하고 보는 걸 즐 긴다. 영화나 TV 보기를 즐기는 것도 같은 맥락이다. 그래서 보이듯이 말하면 효과적이다. 기억도 잘 난다. 학교에서 시험 볼 때 내용은 기억이 안 나지만, 어떤 위치에 그 내용이 있었 는지는 생각이 나지 않았는가.

그렇다면 묘사를 잘하는 방법은 무엇일까.

첫째, 추상적으로 말하지 않는 것이다. 구체적으로 말해야 한다. '화가 났다'보다는 '그 사람이 자리에서 일어나 의자를 걷어차면서 길길이 날뛰었다'라고 얘기하자는 것이다. 그래 야 '아, 저 사람 되게 화가 났구나' 알 수 있고 훨씬 실감 나게 와닿는다. 자기소개를 할 때도 '나는 성실하다', '도전적이다' 이렇게 말하면 설명이다. 듣는 사람의 머릿속에 그림이 그려 지지 않는다. 말하는 사람은 자신의 일화나 경험을 있는 그대 로 보여주는 게 좋다. '이 친구 성실하겠는데?', '도전적이겠 어!'라는 생각이 들게 말이다. 그렇지 않으면 '네 말을 어떻게 믿어' 이런 반응이 나올 수도 있다. 강요받는 느낌이랄까? 판 단은 듣는 사람의 몫이다.

둘째, 듬성듬성 말하지 않고 하나하나 빠짐없이 얘기하는 것이다. 예를 들어, '누구랑 밥 먹었다'고 하지 않고, 음식 맛 은 어땠고, 어떤 대화를 나눴으며, 흐르는 음악은 무엇이었는지, 그때 기분은 어땠는지 말하는 것이다. 이 또한 머릿속 형상화를 돕는다.

셋째, 눈에 보이듯이, 귀에 들리듯, 손에 만져지듯 말하는 것이다. 오감을 자극해서 머릿속에 심상이 일어나게 해야 한다. '피부가 곱다'고 하면 머릿속에 그려지는 게 없지만, '피부가 비단결처럼 잡티 없이 뽀얗고 솜털까지 투명하다'고 하면 어떤가.

넷째, 보편적인 것보다는 개별적인 것을 말한다. 인류에 대해 말하지 않고 한 인간에 대해 말하라고 했다. 총도 총이라고 하지 말고 장총이면 장총, 권총이면 권총. 또 권총 중에서도 리볼버면 리볼버. 이렇게 고유명사로 말하라고 한다. 그냥 꽃보다는 진달래, 개나리 이렇게 고유명사가 좋다.

무엇보다 묘사를 잘하려면 관심을 두고 관찰해야 한다. 인물이건 사물이건 자연이건 사실이건 사건이건 말이다. 어떤 사건이 일어났을 때 '내 일 아니니까 관심 없어' 이러면서 들여다보지 않으면 잘 묘사할 수 없다. 관찰하는 사람은 끊임없이 세상을 발견한다. 발견하는 사람의 말은 발전한다. 이와 함께 예시와 비유, 의성어, 의태어를 활용하는 것도 묘사를 잘하는 방법이다.

묘사는 말로 하는 미술이자 대화를 살리는 마술이다. 그림을 잘 그리려면 데생 실력부터 갖춰야 하듯이 말을 잘하려면 묘사 실력이 좋아야 한다. 묘사에 관심을 가져보라. 우선 오늘 일어난 일부터 친구에게, 배우자에게 말해보라.

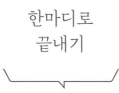

한마디로 끝내기

간혹 이런 얘기 듣지 않나? "그래서 한마디로 뭡니까?" 한마디로 짧게 정리해 말하라는 주문이다. 말할 수 있는 시간이 5초 정도밖에 주어지지 않는 상황도 있다. 딱 한마디 말할 기회가 생겼을 때, 한마디로 말해야 할 때 어떻게 해야 할까.

가장 손쉬운 게 정의 내리는 것이다. '무엇은 무엇이다'라고 말하는 것이다. 예를 들어 '작가란 누구인가' 묻고 '작가'에 관한 정의를 내려볼 수 있다. '작가는 오늘 아침에도 글을 쓴 사람이다', '작가는 아직 글쓰기를 포기하지 않은 사람이다' 등. '글쓰기'에 관해서도 가능하다. '글쓰기는 엉덩이와의 싸움이다', '글쓰기는 흰 종이를 검은색으로 물들이는 작업일 뿐이다', '글쓰기는 독자와의 대화다' 등. 이 밖에도 정의 대상은 수없이 많다. 역사는~, 교육은~, 결혼은~, 독서는~, 공부는~

등등. 겹겹이 쌓아온 생각의 파이를 한입에 베어 무는 맛, 한 마디의 희열이다.

결론을 한마디로 말하는 것도 방법이다. 거두절미하고 '결론은 이것입니다'라고 말이다. 무엇인가를 주장하거나 제안할 때는 결론부터 말할 수 있다. "지금 시간 없고요. 하고 싶은 얘기가 무엇입니까?"라고 물어올 때 말이다.

결말을 한마디로 말할 수도 있다. 어떤 사건이나 이야기의 결말이 여기에 해당한다. "그래서 어떻게 됐는데?"에 대한 대답인 것이다.

유인하는 한마디도 있다. 속된 말로 '낚는다'고 한다. 주의나 흥미를 끌기 위해 한마디를 툭 던질 수 있다. 주로 질문하는 형식이다. "그것 아십니까?" 이렇게 말이다.

명제 형태로 말할 수도 있다. 학교 다닐 적 수학 시간에 명제라는 것을 배웠다. '~이면 ~이다.' 가정과 결론으로 말하는 것이다. '늙으면 죽는다'는 식으로 말이다. 이것을 참인 명제라고 하지 않는가.

비유도 훌륭한 한마디를 만든다. 명언과 속담에 많이 있다. "우리의 몸이 정원이라면 우리의 의지는 정원사다", "풍파는 전진하는 자의 벗이다"와 같은 명언 말이다. 말 잘하는 사람의 특징 중 하나가 바로 이런 비유에 능하다는 것이다. 그 대표적인 인물이 예수님이다. "멸망으로 인도하는 문은 크고 넓어 들어가는 이가 많고, 생명으로 인도하는 문은 좁고 어려워 찾는 이가 적다", "새 술은 새 부대에 담아야 한다", "한 알의 밀알이 땅에 떨어져 죽지 아니하면 한 알 그대로 있고, 죽으면 많은 열매를 맺는다" 등 비유로 숱한 명언을 남겼다.

본질이나 원리를 말할 수도 있다. 무엇인가의 근본적인 성질이나 속성을 말하는 것이다. 어떤 것을 다른 것이 아니라 바로 그것이게 만드는 것이 본질이잖은가. 최초의 철학자라고 일컬어지는 탈레스가 "세상은 물이다"라고 규정했듯이 말이다. 이렇게 한마디 하면 뜬구름 잡는 소리 한다고 면박을 받을 수도 있지만, 왠지 철학적으로 보이기도 한다.

구호나 표어도 좋은 한마디이다. 노무현 전 대통령은 연설문을 쓰기 전 핵심 메시지를 먼저 생각했다. 연설을 들을 청중의 머릿속, 마음속에 남기고 싶은 한마디를 찾는 것이다. 이 한마디를 그는 표어라고도 하고 카피라고도 했다.

지금은 어떤지 모르겠지만 내가 초등학교 다닐 적엔 표어 만들기를 참 많이 했다. 6·25, 어린이날, 저축의 날, 소방의 날 등 기념일이 올 때마다 표어 공모를 했고, 그걸 잘 만드는 친구들이 있었다. 한마디를 잘하는 친구였던 것이다. 하지만 "아들딸 구별 말고 둘만 낳아 잘 기르자", "덮어놓고 낳다 보면 거지꼴을 못 면한다", "간첩 신고 너나없고 간첩 자수 밤낮없다"
등 구호가 난무하는 세상은 바람직하지 않다. 특히 "부자 되
세요"와 같이 욕망을 부추기는 캐치프레이즈가 기승을 부리
는 사회는 건강하지 않다. 2002년 한 신용카드사의 "부자 되
세요"란 광고 카피가 유행한 이후 2003년 카드대란이 왔고,
많은 사람이 쪽박을 챘다는 얘기가 있다.

한마디는 힘이 있다. 그렇다면 한마디를 잘하는 방법은 무엇
인가. 나는 광고 카피를 눈여겨본다. 소설의 첫 문장이나 칼럼
제목을 주의 깊게 보기도 한다. 명언이나 속담에서 주옥같은
한마디를 찾기도 한다. 촌철살인의 한마디, 멋있지 아니한가.

두 가지로
말하기

말에는 네 가지 요소가 들어 있다. 첫 번째가 사실, 지식, 정보이다. 우리는 아는 것, 들은 것, 본 것을 말한다. 예를 들어 지식에 관해서는 이렇게 말한다. 이런 지식 아나요? → 그 지식은 이런 내용입니다. → 나는 이 지식을 이렇게 해석합니다. → 이 지식은 현실에 이렇게 접목하거나 적용해서 활용할 수 있습니다.

두 번째는 이야기이다. 흔히 스토리라고 말하는 것이다. 나의 일화나 다른 사람의 사례 등이 여기에 해당한다.

세 번째는 의견이다. 자신의 생각이나 주장, 시각, 관점, 해석 등이다.

네 번째는 감정이다. 자신이 느끼는 감정이나 소감을 말한다.

우리는 사실이나 정보, 이야기, 의견, 감정, 이 네 가지를 아울러서 말을 한다. 그런데 이를 조합하는 일은 쉽지 않다. 그래서 나는 두 가지를 조합해 말한다.

먼저, '주장과 이유'로 말할 수 있다. 내가 하고자 하는 말을 하고, 왜 그렇게 말하는지 이유를 알려주는 것이다. '사실과 느낌'도 있다. 현황이나 실태를 언급하고, 그것에 관한 느낌을 말하는 것이다.

다음은, '정의와 설명'이다. 어떤 사건 등에 관해 내 나름의 정의를 내리고, 그렇게 정의하게 된 배경을 부연 설명하는 것이다. '문제점과 해법'으로 말할 수도 있다. 지금 어떤 문제가 있고, 이를 해결하는 방법은 이런 것이라고 말한다. 이미 일어난 문제는 해법이 있어야 할 것이고, 진행되고 있는 문제는 개선책이, 앞으로 일어날 문제에는 대책이 필요하다.

'현상과 진단'도 가능하다. 일어난 현상을 얘기하고, 왜 그런 현상이 일어났는지 말해주는 것이다. 예를 들어 교육 현장에서 일어나는 현상에 관해 언급하고, 그 원인이나 이유를 말하는 것이다. '질문과 답변'도 흔히 쓰는 방법이다. 말하는 사람 스스로 묻고 답하는 것이다. 누가 내게 이것에 대해 어떻게 생각하느냐, 너의 의견이 무엇이냐 물었다고 가정하고, 그 답을 떠올려보면 된다.

'현상과 해석'도 된다. 이슈나 트렌드에 관해 언급한 후, 그에 관한 자신의 시각이나 해석을 말하는 방법이다. '원인과 결과'로도 말할 수 있다. 이러이러한 이유로 발생해 이런 결과를 낳았다고. 비슷한 방법으로, '발단과 결말'도 있다. 일이 어떤 계기로 일어나 마무리는 어찌 됐는지 말해주는 것이다.

'원인과 결과'는 보다 논리적인 말하기에, '발단과 결말'은 흥미로운 이야기에 사용할 수 있을 것이다.

이야기에 흔히 사용하는 방법은 '갈등과 해소'이다. 갈등이 없는 이야기는 재미없다. 갈등의 해소가 이야기 전개 과정이다.

'원인과 결과'와는 반대로 '목적과 수단'으로 말할 수도 있다. 어떤 목적을 위해 이런 수단을 쓰자고 말하는 것이다. 결국 어떤 수단으로 인해 그런 결과가 만들어진 것이니, 원인과 결과와는 순서만 다를 뿐 내용은 같다.

내 생각과 반대되는 의견을 소개한 후 반박하는 방법도 있다. '소개와 반박'이라고 해야겠다. '소개와 해설'도 있을 수 있다. 사람들이 잘 모르는 이론이나 원리 같은 걸 소개하고 그걸 해설하는 것이다. '예상과 근거'도 가능하다. 무언가를 예상, 예측, 전망한 후 그렇게 생각하는 근거를 대는 것이다.

다음은 '비교와 대조'이다. 누구와 누구, 무엇과 무엇의 장단점이나 강약점을 비교하고 대조하는 것도 두 가지를 조합해 말하는 셈이다.

끝으로, 내가 겪은 일을 말하고 그 경험에서 얻은 교훈이나 시사점을 덧붙일 수도 있다. '경험과 교훈'으로 말하는 것이다.

두 가지로 말하는 방법은 많다. 말의 목적에 따라 말하는 방법도 달라야 한다. 많은 방법 가운데 딱 맞는 걸 골라 말하자. 그것이 바로 말하기 실력이다.

세 가지만
기억하자

사람은 한 번에 세 가지 정도만 주의를 기울일 수 있다고 한다. 말도 세 가지로 하는 방법이 있다.

먼저 과거, 현재, 미래로 말하는 방식이다. 과거엔 이랬는데, 현재는 이렇고, 앞으로는 어떻게 될 것인지, 즉 어디에서 연유하여, 지금 어떤 상황에 있으며, 어떻게 전개될 것인지 말한다. 현재 상황을 말한 후, 과거 사례를 들고, 향후 전망과 과제를 말할 수도 있고, 과거의 무엇 때문에 지금 어떻게 됐고, 미래의 무엇을 위해 지금 무엇을 하자고 말할 수도 있다. 과거에는 후회, 회한, 추억, 일화 등이 들어가고, 현재에는 실태, 현황, 문제점이, 미래에는 예상, 계획, 다짐, 꿈, 비전 등이 포함될 수 있을 것이다.

다음으로는 현상, 진단, 해법으로 말하는 방식이다. 예를 들어 코로나 상황에 관해서 이렇게 말할 수 있다. 코로나19 상황이 안정세로 접어들었다(현상). 사회적 거리두기가 해제됐지만 여전히 산발적 감염이 일어나 불안한 상태이다(진단). 당분간은 실내 마스크 착용과 개인 위생 관리에 최선을 다해야 한다(해법).

부동산 문제도 마찬가지다. 부동산 관련해 일어나고 있는 현상에 관해 먼저 말한다. 강남 집값이 얼마나 올랐고, 아파트 모델하우스 앞에 사람들이 장사진을 이루며, 떴다방이 기승을 부린다는 등등으로. 이어서 왜 이런 현상이 벌어지는지 진단해 본다. 공급이 부족해서 그런지, 투기 세력이 개입해서 그런 것인지 말이다. 끝으로 해법을 제시할 수 있겠다. 공급 부족이 문제라면 공급을 늘리자고 해야 할 것이고, 투기 세력이 문제라면 투기를 뿌리 뽑을 방법을 제시해야 할 것이다.

부동산 문제만이 아니다. 정치, 경제, 사회, 문화 등 모든 분야에 관해 이렇게 말할 수 있다. 문제점을 거론한 후 이를 조목조목 비판하며 대안을 내놓는 방법도 있고, 할 말이 이것이라고 말하고 사례나 예시를 들어 설명한 후, 할 말을 다시 한 번 강조하는 방법도 있다.

학교 다닐 적 배운 서론, 본론, 결론으로 말하는 것도 일종의 세 가지 방식이다. 서론에서 실상, 현황, 개요, 실태를 말한다. 본론에서 이유, 사례, 원인, 문제점, 근거를 제시한다. 결론으로 전망, 예측한다.

세 가지만 기억해두자. 과거-현재-미래, 현상-진단-해법, 문제점-비판-대안 제시 등으로 말이다.

이 세 가지가 기억나지 않으면 애플의 창업자 스티브 잡스같이 말해도 된다. 그는 2005년 미국 스탠퍼드 대학 졸업식 연설을 이렇게 시작한다. "단지 세 가지 이야기를 말씀드리겠습니다. 첫 번째 이야기는~, 두 번째 이야기는~, 세 번째 이야기는~" 순으로 자신의 말을 이어가는 식이다.

강조할 것은 한 가지만, 비교나 대조를 할 때는 두 가지를 갖고 하지만, 열거할 때는 스티브 잡스처럼 세 가지로 정리해 말하는 버릇을 들이면 좋다. 세 가지나 다섯 가지가 좋고, 그 이상이 되면 지루할 수 있다. 딱 한 가지만 얘기하겠다고 말하고, 한두 가지를 덧붙이는 것도 방법이다. 다만, 몇 가지를 말할지는 사전에 정해놓아야 한다. 중요한 것부터 말할 수도 있고, 마지막에 '무엇보다'라고 하면서 중요한 것으로 끝을 맺을 수도 있다.

세 가지를 열거할 때는 사람들이 관심 갖는 것부터, 복잡하지 않고 간단한 것부터, 어렵지 않고 쉬운 것부터, 멀리 있는 것 말고 가까이 있는 것부터 머릿속에 번호를 매겨놓고 또박또박, 천천히 말한다. 사람들이 관심 갖지 않는 것, 복잡한 것,

어려운 것, 멀리 있는 것부터 말하면 중요한 것, 간단한 것, 쉬운 것, 가까이 있는 것은 말할 기회가 없을 수도 있다.

이렇게 세 가지만 기억하고 있으면 갑자기 말해야 할 때 아무런 생각도 나지 않는 일은 피할 수 있다.

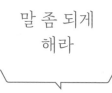

말 좀 되게
해라

청소년 연설 실력을 겨루는 행사에
서 심사한 적이 있다. 눈여겨본 것은 연설에 담긴 생각과 그것
을 표현하는 논리, 두 가지였다. 사람은 저마다 다르다. 의향,
성향, 취향, 지향이 같지 않다. 이해관계도 다르다. 그리고 자
신의 이익이 우선이다. 이렇게 다른 사람을, 자기중심적인 사
람을 설득하기 위해 필요한 게 논리다. 아무리 좋은 생각도 논
리적으로 타당하지 않으면 받아들여지지 않는다. 자신의 생
각을 남들이 받아들이게 만들어주는 게 논리다.

논리적으로 말하는 사람은 몇 가지 특징이 있다.

첫째, 사리에 맞는 소리를 한다. 이치에 맞게 말한다고도 한
다. 사람이라면 마땅히 그래야 하는, 옳고 그름에 대한 분별력
이 있다는 뜻이다. 그런 사람을 우리는 '경우가 바르다'고 한다.

둘째, 핵심이 분명하다. 말하고자 하는 바가 뚜렷하다는 것

이다. 일반적으로 핵심을 먼저 얘기하고 그 이유를 대는 방식을 쓴다. 하지만 논리적일 필요가 없는 경우에는 핵심을 마지막까지 감춰두고 궁금증을 유발하기도 한다. 예를 들어, 영화 이야기를 할 때 결말을 먼저 얘기하면 김이 샐 것이다.

셋째, 이유가 타당하다. 이른바 말발이 서려면 이유가 합당해야 한다. 듣는 사람이 '왜 그런데?'라고 물었을 때 쉬운 비유나 구체적인 사례를 들어 그 이유를 말할 수 있어야 한다.

넷째, 근거가 풍부하다. 이유는 근거로 뒷받침될 때 설득력을 갖는다. 근거로 증명이 돼야 한다. 그렇지 않으면 '뜬금없다', '막무가내다'란 소리를 듣게 된다.

다섯째, 객관적이다. 자신의 이해나 경험에 치우쳐 주관적 편견에 사로잡히지 않는다는 것이다. 사람에 따라 다르게 해석되는 게 아니라 동일하게 받아들여진다는 의미이기도 하다. 객관적으로 말하기 위해 주로 쓰는 방법이, 비교와 대조이다.

여섯째, 앞뒤가 잘 연결된다. 원인과 결과, 즉 인과관계가 맞아떨어진다. 앞뒤가 어긋나지 않는다. 흐름이나 연결이 자연스럽고 개연성이 있다.

일곱째, 논리적으로 말하는 사람은 논점을 벗어나지 않는다. 무엇을 전달할지, 누구에게 전달할지, 전달해서 무엇을 얻을지 집중한다. 불필요한 말이 끼어들거나 말이 샛길로 빠지지 않는다. 일관성 있게 한길을 간다.

끝으로, 논리의 시작은 사람이고 그 끝은 신뢰이다. 같은 말도 누가 하느냐에 따라 달리 들리고, 그 말을 신뢰할 수 있을 때 논리는 완성된다.

이에 반해 논리적 오류를 범하는 경우도 많다. 그러면 '말이 되는 소리를 해라', '말 같지 않은 소리 하지 말라'는 소리를 듣게 된다.

"술을 좋아하는 사람은 호탕하다." 이런 말 많이들 한다. 이건 제한된 증거나 몇 가지 사례를 가지고 결론을 도출하는 경우다. 술을 좋아하는 것과 호방함은 논리적 연관성이 없는데 말이다. 이런 경우를 '성급한 일반화의 오류'라고 한다. 우리가 자주 쓰는 "하나를 보면 열을 안다"는 말도 같은 맥락이다.

'피장파장의 오류'도 있다. 아내가 "건강 생각해서 술 좀 줄여" 했을 때, 나는 "당신도 어제 술 마셨잖아" 이렇게 받아치곤 하는데, 사실 아내가 술 마시는 것과 내가 술을 줄이는 건 아무런 인과관계가 없다. 괜한 시빗거리만 만들 뿐이다.

아내가 "당신 술 좀 그만 마셔" 했을 때, 내가 "그럼 사회생활하지 말란 말이야?" 이렇게 받아치는 건 어떨까. 이건 '주의 전환의 오류'다. 술 없이 회사 생활을 못 하는 것도 아닌데, 주의를 다른 데로 돌리기 위한 말이다. 차량 접촉 사고가 났을 때 불리해지면 "너 몇 살이야?"라고 묻는 것과 같다. 그러면 "왜 반말이야?"로 맞받으면서 "세상 그렇게 살면 안 된다"로 마무리된다. 싸움의 발단이었던 교통사고는 아랑곳없이 말이다.

'인과관계 전도의 오류'도 있다. "부자보다는 가난한 사람이 술을 더 많이 마신다. 그러므로 부자가 되려면 술을 덜 마셔야 한다"고 말하는 경우다. 술을 덜 마셔서 부자가 된 게 아니라, 부자이기 때문에 술을 덜 마실 수 있다. 부자는 술 마시는 것 말고도 다양한 취미활동을 할 수 있고, 건강에도 더 신경을 쓸 수 있으니까. 부자여서 술을 덜 마시는 건데 마치 술을 덜 마셔서 부자가 된 것처럼, 그러니까 원인과 결과를 뒤바꿔 말해서 생긴 오류인 것이다.

'순환논법의 오류'도 있다. 예를 들면 이런 것이다. "술이 나쁘다고 뉴스에 나왔다. 뉴스는 거짓말하지 않는다. 그러므로 술은 나쁘다." 전제와 결론이 서로 의존하며 되풀이되는 데서 오는 오류다. 술이 나쁘다고 뉴스에 나왔지만, 뉴스에 나오는 모든 말이 맞는 건 아니다.

다음은 '유도 질문의 오류'다. 아내가 "우리 결혼 생활이 당신의 음주 때문에 깨질 수 있어. 그렇지?" 이렇게 말하는 건 음주가 중대한 문제라고 가정하고 그 가정을 인정하도록 유도하고 있다는 점에서 유도 질문의 오류를 범하고 있다.

"술을 한 잔 마시나 한 병 마시나 취하긴 마찬가지다." 이런 말을 하는데, 이 또한 '연속의 오류'를 범하고 있다. 한 잔과 한 병은 취한 정도가 엄연히 다른데, 그 차이를 무시하고 있다.

'힘에 호소하는 오류'도 있다. 아내가 자주 쓰는 말인데, "좋은 말로 할 때 들어라" 하는 식이다. 밑도 끝도 없이 이렇게 겁주는 소리는 하지 말아야 한다. 논리도 없고, 너무 무서운 어법 아닌가.

이렇게 술 얘기만 하니, 알콜 중독 아닌지 의심이 들 것이다. 한땐 그랬다. 그러나 지금은 아니다. 술 한 모금도 안 한 지 1년 쯤 됐다.

기억하라.
기억해야 한다는
사실을

쉰 살 중반에 알코올성치매 초기라
는 판정을 받았다. 이대로 가면 십중팔구 치매가 올 거라고 의
사가 경고했다. 암보다 무서운 게 치매다. 암은 나 혼자 감수
하면 되지만, 치매는 내 주변의 누군가를 힘들게 한다. 멀리
갈 것도 없다. 지금 당장이 문제다. 기억이 잘 나지 않는 증상
은 지금 하고 있는 강의나 글쓰기를 방해한다. 기억나지 않으
면 말할 수 없다. 기억의 경계가 내 말의 한계이다.

나는 술을 끊었다. 강의할 때 파워포인트를 쓰지 않고 기억
으로 말한다. 기억으로 말하기 위해 다섯 가지를 한다.

첫째, 늘 상기하고 복기해본다. 책을 읽고 나서, 혹은 누군가
의 말을 듣고 나서 잠시 상기해본다. 방금 읽은 내용이 뭐였더
라? 조금 전 만난 그 사람이 무슨 얘기 했지? 그리고 잠자리에
들어서, 아침에 반신욕을 하며 또 복기해본다. 오늘 읽은 내용

이 뭐였더라? 어제 만난 사람과 무슨 대화를 나눴지?

둘째, 떠올린 내용을 시각화한다. 상기하거나 복기하는 데 그치지 않고, 그 내용을 두 가지 방식으로 시각화한다. 가방에 A4용지를 갖고 다니다가 카페 같은 데 가면 떠오른 내용을 끼적거려 본다. 또 블로그나 휴대전화 메모장에 엄지손가락으로 써본다. 쓴 내용을 눈으로 보면 기억이 훨씬 잘 된다.

셋째, 시각화한 내용을 분류한다. 비슷한 내용끼리 범주화하는 것이다. 말하려면 몇 가지로 묶어서 기억해둬야 한다. 대형마트가 제품군별로 진열해두듯, 그래야 물건 찾기가 쉽듯이, 나도 말하기 위해 카테고리별로 분류해둔다.

넷째, 스토리텔링한다. 분류한 덩어리 각각에 이름표를 붙이고, 그 이름표를 엮어 머릿속으로 말해본다. 학교 다닐 적 많이 해본 암기 방법이다.

다섯째, 인출해본다. 실제로 말해보는 것이다. 나는 주로 강의에서 말한다. 말해보면 내가 잘 기억하고 있는지 알 수 있다. 일종의 시험이다. 주기적으로 테스트를 해봐야 한다. 말의 시험대에 오르는 건 피곤한 일이지만, 그래야 각인이 된다.

기억이 필요 없는 시대라고들 한다. 인터넷이나 휴대전화에서 찾아보면 되는데, 왜 굳이 기억해야 하느냐고. 그렇지 않다. 노래 가사를 기억하지 못하면 노래를 부를 수 없다. 우리

입에서 흥얼거리는 노래가 사라지게 된다. 휴대전화를 집에 놓고 온 날, 나는 아무것도 할 수 없었다. 아내의 전화번호조차 기억나지 않았다. 하드웨어가 없는 컴퓨터 신세가 된 것이다. 끔찍했다.

말을 잘하기 위해서는 기억을 잘해야 한다. 기억하고 있는 것들을 연결하고 결합하고 융합해서 하는 게 우리의 말이다. 기억하지 못하면 좋은 생각도, 영감도, 통찰도 떠오르지 않는다. 재료가 없는데 무슨 음식을 만들 수 있으며, 퍼즐 조각 없이 어떤 퍼즐 그림을 완성할 수 있단 말인가.

기억으로 말을 잘하려면 두 가지를 잘해야 한다. 그 하나는 입력이다. 많이 보고, 많이 읽고, 많이 듣고, 많이 겪고, 많이 느껴야 한다. 기억할 거리가 많이 공급되어야 한다. 기억하고 말고는 그다음 일이다. 기억으로 말하기 위해 또 하나 잘해야 하는 것은 출력이다. 말해야 할 때 기억하고 있는 것 중에 뽑아내기를 잘해야 한다. 인출해야 할 내용이 잘 떠오르고, 그것을 질서정연하게 뽑아내는 편집 능력이 필요하다.

하지만 기억이 기본이다. 아무리 많은 입력을 해도 기억하지 못하면 무슨 소용이며, 암만 출력 실력이 출중해도 기억하는 내용이 없으면 무슨 의미란 말인가. 기억하자. 기억하기 위해 노력해야 한다는 사실부터 기억하자.

말은 결국
구성이다

모든 말에는 기본적으로 들어가야 하는 구성 요소가 있다. 그게 잘 떠오르면 말을 잘할 수 있다.

축사를 해야 한다면 일단 축하한다고 하고 축하할 대상에 대해 의미 부여를 한 후, 앞으로 더 잘 되기를 바란다는 기대 표명을 하면 된다. 끝으로 다시 한번 축하한다고 한 뒤 건승을 빈다는 덕담을 한다. 축하, 의미 부여, 기대 표명, 거듭 축하, 덕담이란 단어를 떠올리면 된다.

회사 대표가 직원들에게 격려사를 해야 한다고 해보자. 그동안 직원들이 이룬 성과를 나열한 후 수고했다고 하고, 감사를 표한다. 그리고 여기서 안주하면 안 된다고 하며 앞으로 해결해야 할 과제를 제시한다. 이어서 그런 과제를 풀기 위해 직원들에게 어떤 자세로 임해달라고 당부하고 나도 여러분에게 이런 걸 해주겠다고 약속한다. 성과 나열, 감사 표시, 과제 제시, 역할 당부, 보상 약속이란 구성 요소로 말하면 된다.

여행 다녀온 소감을 말할 때도 마찬가지다. 여행 가기 전의 기대와 설렘, 가게 된 동기나 계기, 혹은 목적, 그리고 여행 일정, 가서 보고 들은 견문, 느낀 소회, 숙박이나 교통 같은 여행지 정보, 그리고 여행하고 나서의 소득 같은 걸 말하면 된다.

제품을 홍보해야 할 때도 그렇다. 제품의 특징, 다른 제품과의 장단점 비교, 기존 제품과 다른 차별점과 강점, 제품을 썼을 때 얻을 수 있는 이익과 혜택 등을 말해주면 된다. 특징, 장단점 비교, 차별점과 강점, 이익과 혜택이란 단어가 떠올라야 하는 것이다.

직장에서 말을 잘하려면 실행 과제, 문제점, 원인, 해법, 주장, 이유, 근거, 실행 계획, 기대 효과, 소요 예산 등과 같은 단어를 머릿속에 많이 가지고 있어야 한다.

미국 대학에서는 주장, 이유, 사례, 다시 주장이란 틀을 가지고 말하라고 가르친다. 기자들은 누가, 언제, 어디서, 무엇을, 어떻게, 왜라는 육하원칙 틀을 가지고 말한다. 마케터들은 누구와 경쟁하나, 어디서 경쟁하나, 어떻게 경쟁하느냐, 즉 고객, 경쟁사, 제품, 가격, 유통, 판촉 활동을 가지고 말한다. 자기 회사의 강점과 약점, 기회, 위협이란 환경 요인을 갖고 말하기도 한다.

말의 이런 구성 요소는 아이들이 갖고 노는 블록과도 같다. 관건은 얼마나 다양한 블록 조각을 갖고 있는가 하는 것이다. 블록 조각만 많이 있으면 그것을 꿰맞춰 집도 짓고 배도 만들고 자동차도 조립할 수 있다.

육하원칙과 같이 한 묶음의 말 덩어리를 아리스토텔레스는 그리스 말로 장소라는 뜻의 '토우피'라고 했다. 말 묶음, 말 틀과 같은 것이라고 해야 하나? 나는 이것을 쉽게 붕어빵, 잉어빵, 국화빵 쇠틀이라고 말하고 싶다. 재료만 넣으면 붕어 모양, 잉어 모양, 국화 모양의 빵이 나오는 쇠틀 말이다. 결론적으로 이런 말 덩어리, 말 묶음을 많이 갖고 있는 사람이 이런저런 모양의 맛있는 빵을 구워낼 수 있다.

말의 구성 요소를 전개하는 방식은 크게 두 가지가 있다. 직렬식과 병렬식이다.

병렬식은 첫째, 둘째, 셋째 하며 말하는 방식이다. 굳이 첫째, 둘째, 셋째 말하지 않고 머릿속으로만 세어도 된다. 첫 번째라고 말을 꺼낸 후, '또한', '그리고', '뿐만 아니라', '아울러', '끝으로'라며 하나씩 순차적으로 나열하면 된다.

병렬식은 말하는 내용을 일목요연하게 정리해주는 효과가 있다. 하고자 하는 얘기를 보다 분명하게 전달할 수 있는 것이다. 처음에 '몇 가지를 말하겠다'고 하거나, 마지막에 '몇 가지를 말씀드렸다'고 하면 더 효과적이다. 사람들은 그 몇 가지를 떠올려보면서 들은 내용을 상기하거나 반추할 테니 말이다.

병렬식의 특징은 몇 가지를 말하건 각각의 내용들 사이에 연관은 없다는 점이다. 각기 따로따로 독립돼 있다. 중요한 건 길게 말하고, 그렇지 않은 건 간단하게 말할 수 있다. 또한 오랫동안 말해야 하면 병렬하는 개수가 많아야 할 것이고, 짧게 말해야 하는 경우는 3개 이내여야 할 것이다.

이에 반해 직렬식은 꼬리에 꼬리를 무는 방식이다. 앞에 한 말을 받아서 뒷말을 이어가야 한다. 학교 다닐 적 배운, 서론-본론-결론, 기-승-전-결, 발단-전개-위기-절정-결말 등의 전개 방식은 모두 직렬식이라 할 수 있다. 예를 들면 이런 식이다. 핵심 주제를 밝힌다. → 이유를 말한다. → 근거를 댄다. → 핵심을 한 번 더 강조한다. 핵심 주제를 밝힐 때는 솔깃하게 만들어야 한다. 이유를 말하고 근거를 댈 때는 체계적이라는 느낌을 줘야 한다. 그리고 마지막에 핵심을 한 번 더 강조함으로써 쐐기를 박아야 한다.

직렬식은 주제가 하나이다. 모든 말은 그 하나의 주제를 향해 모아져야 한다. 말하는 내용이 하나의 실로 꿰어져야 하는 것이다. 이를 위해 곁가지는 쳐내야 한다. 또한, 곁길로 새지 말아야 한다.

또한, 병렬식과 달리 직렬식은 각 부분이 따로 놀지 않고 긴밀하게 연결돼야 한다. 원인이 있으면 결과가 있고, 문제를 말했으면 해법을 제시해야 한다. 물처럼 자연스럽게 흘러가야 하는 것이다.

붕어빵은 멀리 있지 않다. 상황과 주제에 따라 해야 할 말의 개요를 떠올릴 수 있다면, 당신은 이미 말의 붕어빵 틀을 가진 것이다.

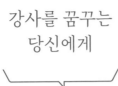

강사를 꿈꾸는
당신에게

2014년 2월부터 강의했으니 어느덧 이력이 꽤 붙었다. 다른 분야도 다르지 않겠지만 글쓰기 강의하는 분들도 몇 가지 유형이 있다. 이론 중심으로 강의하는 분이 있는가 하면, 자신의 경험 위주로 강의를 풀어가는 분이 있다. 또한 실습과 첨삭 지도 방식으로 강의를 진행하기도 한다. 어떤 분은 총론을 넓고 얇게 다루고, 또 어느 분은 각론 한두 개를 뿌리 뽑듯이 달려들어 반복 훈련을 시키기도 한다. 제각기 장단점이 있고 수강자의 취향에 따라 강의 만족도도 달라진다.

사람들이 대체로 강의에서 듣고자 하는 것은 세 가지다. 첫째, 지식이나 정보, 둘째, 강사의 경험과 노하우, 셋째, 이론과 그에 대한 강사의 생각이다. 어디에 무게중심을 두느냐 차이는 있겠지만 세 가지 모두를 어느 정도는 충족해야 한다. 사람들은 지식이나 정보에서 지적 충만감을 느끼고, 강사의 경험과 노하우를 통해 재미와 실용적 소득을 얻는다. 그리고 이론과 이에 대한 강사의 생각을 들으면서 강의 듣는 보람을 느낀다.

강연과 강의는 차이가 있다. 강의는 지식과 정보 전달을 목적으로 하는 것이고, 강연은 설득과 공감을 목표로 한다. 그러나 이런 구분은 무의미하다. 강사 중 그 누구도 지식과 정보만 전달하고 설득과 공감을 목표 삼지 않는 사람은 없을뿐더러, 그 반대도 매한가지다.

청중은 까다롭다. 요구하는 수준과 기대하는 내용이 다양하다. 의심도 많다. 만족할 만한 내용보다는 불만거리를 찾는다. 청중에게 반응이 좋은 강의는 세 종류다. 우선 웃기고 재미있는 강의가 반응이 좋다. 색다른 지식과 신선한 정보를 주는 강의도 반응이 좋다. 가슴을 울리는 감동적인 강의는 말할 필요가 없다.

내가 꿈꾸는 강의는 시작에서 재미와 웃음으로 청중을 끌어당기고, 강의 내내 알찬 내용으로 시간 가는 줄 모르게 만들고, 끝에 감동과 통찰의 여운을 남기는 것이다.

갈수록 강사를 지망하는 사람이 늘고 있다. 교사나 교수, 강사만 강의하는 시대가 끝나고 있는 것이다. 강사가 따로 없는 시대다. TV나 라디오에서 누구나 강의하기 시작했다. 유튜버도 강사에 해당한다. 온라인에서는 모두가 강사다. 유명해지면 경제적 보상도 크다. 강의 잘한다는 소리를 들으려면 어떻게 해야 할까.

우선, 인상을 무시할 수 없다. 호감 가는 인상이어야 한다. 나는 그걸 거저먹고 시작했다. 좋은 인상을 타고났으니 말이다. 하지만 뭐니 뭐니 해도 내용이 가장 중요하다. 내용이 일신우일신(日新又日新)해야 한다. 그렇게 하지 않으면 내가 지겨워서 강의를 지속할 수 없을 뿐만 아니라, 강의 듣는 사람도 눈치채고 외면하게 될 테니까. 요즘엔 강의가 동영상으로 남기 때문에 같은 얘기를 되풀이하면 청중이 금세 알아차린다.

강의 시작이 중요하다. 글에서 첫 문장의 역할이 막중하듯 강의도 어떤 말로 시작하느냐가 매우 중요하다. 첫 단추를 잘못 끼우면 강사도 힘들고 수강자도 떠나간다. 나는 주로 지극히 개인적인 얘기로 강의를 시작한다. 강의하는 그날 있었던 일이나 최근의 고민을 털어놓는다.

다음으로 필요한 것이 장악력이다. 내용의 깊이나 재미 혹은 또 다른 그 무엇을 통해 강의 듣는 사람을 끌어당길 수 있어야 한다. 수강자를 빠져들게 만드는 그 무언가가 필요한 것이다. 대개 이런 강의를 듣고 나면 수강자들이 이구동성으로 하는 말이 있다. '어느새 2시간이 훌쩍 지났다', '정말 시간 가는 줄 몰랐다'고. 반대로 장악력이 떨어지는 강의는 지루하다.

장악력은 강의에만 해당하는 건 아니다. 발표나 연설, 진행 모두가 그렇다. 방송 진행을 잘하는 강호동, 유재석, 신동엽 모두 나름의 장악 방식이 있다. 강호동은 힘 있게 끌고 가고, 유재석은 출연자의 말을 잘 받아준다. 그리고 신동엽은 재치 있게 받아치는 것으로 프로그램을 장악한다.

다음으로, 강사 특유의 개성이다. 누구 하면 머릿속에 그만의 스타일과 캐릭터가 떠올라야 한다. 명강사라고 하는 사람들의 이름을 떠올려보라. 그러면 그만의 억양과 제스처, 얼굴 표정이 떠오를 것이다. 그만의 개성은 외적으로 보이는 스타일만으로 형성되지 않는다. 그에게서 풍겨 나오는 열정이나 유머 감각 등이 더 강력한 캐릭터를 만든다.

강의를 대하는 태도도 중요하다. 나는 그야말로 한 건 한 건 최선을 다한다. 그래서 미리 강의료를 묻지 않는다. 그것에 영향받을까 봐 그렇다. 아무래도 강의료가 적으면 신경을 덜 쓰게 된다. 나는 단 한 번도 강의에 지각한 적이 없다. 강의 시작 한두 시간 전에 인근 카페에 도착해서 강의 준비를 한다. 어서 가서 강의하고 싶은 마음이 들 때까지 충분히 리허설한다.

청중을 위하는 마음도 있어야 한다. 처음 강의를 시작할 때는 청중이 보이지 않았다. 아는 것을 말하기에 급급했다. 아는 걸 잊어버려 말하지 못할까 봐 조마조마했다. 청중은 그다음이고 내가 우선인 기간이 꽤 오래 지속됐다. 그러다가 청중이 눈에 들어오기 시작했다. 그들에게 무언가를 주기 위해, 도움이 되기 위해 강의하게 됐다. 비로소 강의다운 강의를 시작한 셈이다. 하지만 여전히 강의가 부담스럽다. 특히 강연료를 많이 주는 강의, 수강자들이 비싼 수강료를 내고 듣는 강의, 강의 듣는 사람의 수준이 높거나 성향상 내게 우호적이지 않을 때 힘들다. 그럴 때마다 처음 강의 시작하던 때를 떠올린다. 처음 1년 가까이는 청중이 거의 없었다. 무료 강의를 하는데도 고작 두세 분만 오기도 했다. 그래서 지금은 내 강의를 들으러 오는 분들이 늘 고맙다. 미리 가서 먼저 온 청중과 만나 대화해보고, 객석에 앉아 청중이 되어 보면 더욱 청중의 마음에 공감할 수 있다. 그리고 거기에 맞춰 강의할 수 있게 된다.

끝으로, 가장 중요한 건 신뢰감이다. 강사로서 얼마나 높은 인지도와 호감도, 그리고 충성도를 유지하는가이다. 이 세 가지는 모두 신뢰도를 바탕으로 만들어지는 것들이다. 어느 강사를 보면 진실해 보이고 믿음이 간다. 하지만 어느 강사는 실력도 있고 강의도 재밌는데 신뢰가 가지 않는다. 왜 그런지 모르겠지만 강의를 듣고 나면 확연히 느껴진다. '저 강사는 좋은 사람이구나', '이 사람은 왠지 느낌이 좋지 않아' 그렇게 느껴지는 이유는 알 수 없다. 하지만 이것이 강사뿐 아니라 말하며 사는 사람 모두가 풀어야 할 숙제인 것만은 분명하다.

나의 강의 비결은 두 가지다. 그 하나는, 준비를 철저히 하는 것이다. 매번 강의 때마다 새로운 내용을 추가하려고 한다. 지난 8년 동안 강의를 3천 번 이상 했으니 3천 개 넘는 새로운 내용이 내 강의에 추가된 셈이다. 그렇게 하지 않았으면 나 스스로 지루해서 강의를 지속하기 어려웠을 것이다. 같은 말을 되풀이하는 것처럼 하기 싫고 재미없는 일은 없을 테니 말이다.

강의 준비하면서 또 하나 열심히 하는 것은 커닝 페이퍼를 만드는 일이다. A4용지 반장 분량으로 그날 강의 순서도를 십여 개의 단어로 그려둔다. 실제 강의하면서 이걸 본 적은 없다. 하지만 이게 있어야 안심이 되고, 이것만 있으면 자신감이 충만해진다. 무엇보다 커닝 페이퍼를 만드는 과정이 강의의 사전 훈련이다.

다른 하나는, 강의에서 가급적 내 경험을 많이 얘기한다. 나는 강의의 본질은 동기 부여라고 생각한다. 그리고 동기 부여는 누군가의 경험을 들을 때, 그런 경험을 자신도 하고 싶을 때, 나아가 그런 경험을 한 사람을 닮고 싶을 때 가장 활발하게 일어난다고 본다. 이론이나 지식을 듣고 실습하는 것으로 동기 부여가 잘 되는 사람도 있지만, 보통은 남의 경험이 의욕을 불러일으키고 행동의 변화를 가져다준다.

경험은
나이만큼 있다

"머리 좋은 사람이 마음 좋은 사람 만 못하고, 마음 좋은 사람이 발 좋은 사람만 못하다. 머리에 서 가슴으로, 그리고 가슴에서 다시 발까지의 여행이 우리의 삶이다." 신영복 선생님의 말이다.

삶뿐만 아니라 우리의 말도 그렇다. 우리는 머리와 가슴과 손발로 말한다. 독서하고 학습하고 생각해서 머리로 말한다. 또한 감정과 느낌, 마음과 심정을 가슴으로 말한다. 그리고 손 발로 만들어낸 경험을 얘기한다.

머리와 가슴으로 말하는 건 차등이 있을 수 있다. 공부를 많 이 한 사람과 그렇지 못한 사람, 감수성과 감성이 풍부한 사 람과 그렇지 않은 사람 간에 말이다. 경험에는 높낮이가 없다. 오히려 맵고 짜고 쓴 경험이 더 대접받는다. 사람들은 고난과 역경, 실패와 좌절의 경험에 더 귀를 쫑긋 세운다.

두 가지만 있으면 된다. 실패를 두려워하지 않는 도전 정신과 이루고자 하는 목표가 그것이다. 하고 싶은 일과 이루고 싶은 꿈이 있고, 실패를 두려워하지 않으면 누구에게나 할 이야기, 자신의 스토리가 쌓인다.

우리 사회는 머리로 말하는 사람의 힘이 너무 세다. 다행히 이제 서서히 가슴으로 말하는 사람의 소리에 귀를 기울이기 시작했다. 경험을 말하는 사람이 많아져야 한다.

경험을 말하는 것은 어렵지 않다. 세 가지를 말하면 된다. 첫째, 기억을 떠올려 경험을 말한다. 둘째, 그 경험에서 얻은 교훈이나 시사점을 얘기한다. 아무런 의미가 없는 경험은 없다. 어떤 경험이든 그것에서 보고 배우고 느낀 게 있다. 그것을 얘기하면 된다. 셋째, 인용을 덧붙인다. 유사한 경험을 한 저명인사의 사례를 인용함으로써 자신의 개인적 경험을 일반화하는 것이다.

경험을 말할 때 유의할 점도 있다. 우선, 감추지 말아야 한다. 감추고 싶은 그 경험을 사람들은 듣고 싶어 한다. 세상에는 세 가지 이야기가 있다. 먼저, 나도 알고 남도 아는 이야기다. 이 이야기는 남이 들으려 하지 않는다. 재미가 없으니까. 나는 모르지만 남이 아는 이야기도 있다. 이건 내가 모르니 말할 수 없다. 끝으로, 나는 알고 남은 모르는 이야기다. 바로 이 이야기를 해야 한다. 이걸 감추면 할 말이 없다. 그래서 자기 이야기에 개방적이어야 한다. 그래야 할 말도 많아진다.

두 번째, 포장하지 말아야 한다. 우리 뇌는 기억을 스스로 편집하고 조작한다. 이런 사실을 『대통령의 글쓰기』를 쓰면서 알았다. 청와대 8년 동안의 이야기를 기억나는 대로 썼는데, 나중에 보니 내게 유리한 방향으로 쓰여 있었다.

멋있게 포장하면 듣는 사람이 먼저 안다. 꾸미면 꾸밀수록 느끼해 하고 밥맛없어한다. 오히려 변변치 못한 것에 더 박수를 쳐준다.

드라마틱한 것만 찾으려고 해서도 안 된다. 사람들은 드라마 같은 얘기가 아니라, 오히려 평범한 일상 얘기를 듣고 싶어 한다. 그런 이야기에 더 크게 감동하고 마음이 움직인다. 드라마보다 더 현실적이니까.

이야기는 하다 보면 밑천이 떨어진다. 한 얘기 또 하고 또하는, 고장 난 녹음기가 될 처지에 놓일 수 있다. 그래서 늘 다시 채우려고 노력해야 한다. 공부를 더 하든 경험을 더 하든 말이다.

〈강원국의 지금 이 사람〉이란 라디오 프로그램을 하며 만난 소설가들은 대개 총량을 관리한다고 한다. 가진 것을 단박에 쏟아내지 않고 계획을 세워 써먹는다고 한다. 연료가 다 떨어져 시동이 안 걸리는 일이 없도록 말이다. 가진 게 떨어질 만하면 충전도 해가면서. 작가 조지 오웰과 헤밍웨이가 스페인 내전에 참전해 전장의 참상을 몸소 경험했던 것처럼.

경험을 말하는 것은 개인의 경험을 사회 자산으로 만드는 일이기도 하다. 개인의 경험은 삶의 자본이다. 경험은 드러내고 말할수록 불어나 모두의 자산이 된다.

그런 점에서 나는 누구나 강사가 되어야 한다고 생각한다. 강의를 듣는 사람이 한 명이건 두 명이건 개의치 말고. 특히 가시밭길을 걸으며 고생한 분들이 더 많이 말해야 한다.

자신의 경험보다 좋은 말의 소재는 없다. 경험은 누구에게나 있다. 나이만큼 있다. 그 경험에 의미를 부여할 수 있는 사람 역시 자신밖에 없다. 과거만이 대상도 아니다. 미래를 말해도 된다.

나의 경험을 음미하고 반추하며 성찰하는 삶, 그런 경험을 더 쌓기 위해 시도하고 도전하는 삶, 그리고 그 열매를 공유하는 사람이 아름답다.

손으로 짓고 발로 뛰어 입으로 전하는 경험의 언어. 당신의 한 평생, 단 하나의 이야기에 세상은 어느덧 귀를 기울일 것이다.

감정을 해소하는
말하기의 효과

"우리가 감정을 드러내면 호들갑스
럽다고 한다. 우리가 화를 내면 신경질적이라거나, 이성적이
지 못하다거나, 그도 아니면 그냥 미쳤다고 한다." 스포츠용품
회사 광고 문안이다. 여기서 '우리'는 누구일까. 여성이다. 여
성이 그런 대접을 받고 있다는 뜻이다.

과연 여성만 이런 취급을 당할까? 아니다. 여성이건 남성이
건 솔직한 감정을 말로 표현하면 이런 소리를 듣는다. "너, 왜
이렇게 감정이 앞서?", "왜 그렇게 감정적이야?" 감정 드러내
는 것을 죄악시한다. 감정을 표현하는 것보다는 절제하는 게
미덕이요 이성적 처신으로 치부한다.

사람이라면 누구나 감정이 있게 마련이고, 감정이 앞서는
게 사람인데도 말이다. 그래서 감정을 숨기고 억압한다. 진짜
감정과는 다른 감정을 꾸며내고, 싫은 사람 앞에 가서도 미소

를 짓는다. 그래야 원만한 관계를 유지할 수 있으니까.

문제는 감정이 쌓이면 병이 된다는 사실이다. 뿐만 아니라 풀지 못한 감정은 남에게 옮아간다. 사회생활에서 쌓인 감정을 애먼 가족에게 푼다. 부인과 싸우고 출근한 상사가 만만한 부하 직원에게 짜증 낸다. 당하는 사람은 황당하다. 아닌 밤중에 홍두깨 맞는 격이다. 이처럼 감정은 주변 사람에게 전염되고 확산된다.

부정적 감정은 그때그때 정리하고 풀어야 한다. 방법은 의외로 가까운 데 있다. 말하면 된다.

말하면 감정이 치유된다.

고등학교 3학년 때 담임 선생님을 찾아갔다. "선생님, 공부하고 있으면 뒤에서 누가 쳐다봐요." "누가 쳐다보는데?" "뒤를 돌아보면 아무도 없어요." "안 돌아보면 되잖아." "그러면 숨이 가빠져요." "보는 사람은 없는데 뒤는 돌아봐야 한다… 그거 고3병이야." 선생님은 공부하기 싫은 꾀병으로 간주했다.

문제는 시험 볼 때였다. 문제 푸는 데 집중하는 게 불가능했다. 정신신경과에 갔다. 의사 선생님은 별다른 처방을 하지 않았다. 내 얘기를 들어주는 게 전부였다. 어느 날 나는 울먹이며 의사에게 소리쳤다. "내가 사람으로 안 보여요? 왜 불을 끄는 거예요. 당신이 우리 엄마여도 그러겠어요? 당장 불 켜지 못해요?" 연유는 이렇다.

남의 집에서 살 때였다. 그 집 아들과 한방을 썼다. 그 친구는 자고 나는 공부하고 있었다. 그 집 엄마가 과일을 들고 왔다. 아들은 자고 나는 공부하는 모습을 보고 이렇게 말했다. "왜 다 자는데 불을 켜놔, 전기세 나가게." 그러면서 불을 껐다. 나는 잠이 오지 않았다. 동이 틀 때까지 뜬눈으로 지새웠다. 서글픔과 울분으로 잠을 잘 수 없었다. 불을 켜지 않아도 되는 아침을 기다렸다.

나는 의사와 상담한 이후 강박에서 벗어났다. 그날 밤 하지 못했던 말을 의사 선생님에게 소리치고 나자 나를 감시하는 사람이 사라졌다. 더 이상 뒤를 돌아보지 않아도 됐다. 이유를 생각해봤다. 첫째, 배설 효과다. 뇌도 부정적 감정에 시달리는 걸 싫어하는 것 같다. 빌미만 주면 언제든 벗어날 준비가 돼 있다. 말하는 것이 그 빌미가 된다. 친구랑 수다 떨고 나면 시원해지는 것도 그런 까닭 아닐까.

둘째, 감정을 말하고 나면 그 감정이 남의 일같이 된다. 여러분도 그런 경험 있지 않나? 친구나 후배가 와서 감정을 토로하면 '뭐 그런 것 갖고 그래. 별일도 아니구먼' 했던 경험 말이다. 바로 그런 상태가 되는 것이다. 당사자 입장에서 벗어나 남의 일 구경하듯 객관적으로 보게 되는 상황 말이다.

셋째, 뇌의 하소연에 공감해주기 때문이 아닌가 싶다. 감정은 말하고 싶다. 지금 이런 문제로 힘드니 제발 들어달라고, 알아달라고 성화다. 그래서 감정을 느낀다. 뇌의 애원이 내가 느끼는 감정인 것이다. 그런 감정을 누군가에게 말하면 뇌의 탄원을 들어주는 결과가 되고, 뇌 역시 '이제 내 감정을 알았으니 됐다'라며 응어리를 푸는 것 아닐까 싶다.

끝으로, 말하면서 논리적으로 정리하기 때문이다. 내가 가장 시달리는 감정은 걱정과 불안이다. 걱정하는 일이 있으면 일어날 일과 일어나지 않을 일로 구분한다. 일어나지 않을 일은 걱정할 필요 없다. 일어날 일도 감당할 수 있는 일과 없는 일로 나뉜다. 감당할 수 없는 일은 어쩔 수 없다. 당할 수밖에. 감당할 수 있는 일은 준비하고 연습하면 된다. 이렇게 정리하고 나면 불안과 걱정에서 벗어난다.

통장 잔고는 쌓이면 좋지만 감정은 아니다. 덜어내고 풀어내는 건강한 말하기가 필요하다. 부정적인 감정이 쌓이기 전에 말해보자. 말은 감정을 불러내 배출하고 정리해 잊게 한다.

이제는 그 집 엄마의 심정도 알게 됐다. 모두 용서가 됐다.

3장

관계를 다루는
말하기 연습

— 우리 사이엔 대화가 필요하다

. . .

말하기는
관계 맺기다

누구나 좋은 관계 속에서 살고 싶다. 관계가 좋을 때 우리는 안전하다고 느낀다. 소속감과 사랑의 감정을 누리고, 마음이 평안하다. 누군가와 갈등이 있을 때 불안하다. 말을 섞지 않는 관계는 불편하다. 이런 관계를 만드는 게 말이다. 말이 관계의 윤활유, 아니 관계를 만드는 원동력이다. 칭찬, 사과, 부탁, 거절, 위로, 잡담 등과 같은 말을 통해 우리는 관계를 만들어 나간다. 어떤 말을 어떻게 하느냐에 따라 관계가 좋아지기도 나빠지기도 한다.

사회생활을 하면서 세 가지 때문에 힘들었다. 바로 글쓰기, 말하기, 관계 맺기다. 이 세 가지가 직장 생활의 전부였다. 우리의 삶 전체가 그렇지 않은가 싶기도 하다. 온종일 무언가를 읽고 쓰고 말하고 들으면서 관계를 맺어간다.

내가 학교 다닐 적만 해도 글쓰기, 말하기, 관계 맺기를 배우지 않았지만, 그래도 글쓰기와 말하기는 알게 모르게 한 셈이다. 선생님 말씀을 받아 적고, 일기를 비롯해 글쓰기 숙제도 있었다. 수업 시간에 발표도 해야 했으니 말하기 역시 전혀 배우지 않은 건 아니라고 할 수 있다.

문제는 관계이다. 국민윤리 시간에 예절 교육을 받은 게 전부였다. 관계 맺기는 학교생활을 통해 자연스럽게 익히도록 방치했던 것 같다. 그러다 보니 성적을 놓고 벌이는 경쟁 관계만 익숙하게 되었다. 공부 잘하는 친구들과 잘 지내고, 선생님의 권위에 복종하고, 무리에서 왕따 당하지 않는 법을 익혔다.

말하기가 힘든 이유도 관계 때문이다. 말은 내 말을 듣는 상대가 있다. 말하는 이유 역시 내 말을 듣는 누군가와 친해지거나 누군가의 인정을 받기 위해서다. 다시 말해 좋은 관계를 위해서다.

미국 하버드대 의대는 1938년부터 75년간 남성 724명의 삶을 추적해 행복을 결정하는 가장 중요한 요소가 인간관계였다고 밝혔다. 가족이나 친구, 직장 동료와의 사회적 연결이 긴밀할수록 더 행복하고, 몸이나 뇌가 건강하며, 오래 산다는 것이다.

나 역시 직장 생활하면서 관계로 인해 행복하다는 느낌을 받은 적이 있다. 내게 잘 알려주는 상사를 만났을 때다. 그때는 불안하거나 답답하지 않았다. 잘 알려주는 게 고마웠고, 잘 해냄으로써 보답하고 싶었다.

나는 이런 경험을 통해 좋은 관계를 만드는 법을 알게 됐다. 바로 잘 알려주는 것이다. 직장 다닐 적엔 젊은 직원들에게 내 속내까지 다 알려주려고 노력했다. 나와 직원들의 아는 정도와 수준이 비슷해지기를 바랐다. 아들에게도 내 생각을 있는 그대로 전하려고 애를 쓴다. 그런데 그런 노력이 좋은 결과만 낳진 않는다. 때로는 잔소리꾼, 꼰대로 취급당하기도 했다. 아들이 고등학교 3학년일 때 매일같이 머리맡에 응원하는 쪽지를 써 놓고 출근했다. 세월이 흘러 아들에게 쪽지에 관해 얘기했더니 '아침부터 잔소리가 짜증 났다'고 했다.

관계로 행복했던 기억보다는 힘들었던 적이 더 많다. 나뿐 아니라 대다수 직장인이 일보다는 관계로 인해 더욱 힘들어한다. 어느 조사에서도 과도한 업무량이나 성과에 대한 압박보다는 상사·동료와의 관계나 고객·거래처의 '갑질'로 인해 더 큰 스트레스를 받는 것으로 나타난다. 관계가 좋으면 일로 인해 받는 스트레스는 견뎌낼 만하다. 하지만 나쁜 관계로 인해 받는 스트레스는 참기 힘들다. 어디 직장인뿐인가? 부부 간, 부모 자식 간 모든 관계가 그렇다.

나는 스트레스에 취약하다. 대개의 스트레스는 관계로 인해 받는다. 그래서 나만의 관계 원칙이 있다. 그 하나는, 남을 과도하게 의식하지 않는 것이다. 나는 눈치를 심하게 봤다. 그런데 알고 보니 남들은 그다지 내게 주목하지 않았다. 이런 사실을 글을 쓰면서 알았다. 아무리 열심히 써도 읽는 사람은 얼마 되지 않았다. 그래서 깨달았다. 적어도 내가 생각하는 것만큼 눈길을 주진 않는구나. 다른 사람의 시선을 과도하게 의식할 때 '타인은 지옥'이 된다.

남들의 평가와 지적에 무뎌질 필요도 있다. 나는 의식적으로 '얻다 대고', '어쩔 수 없지'를 되뇐다. 나는 나답게 산다. 내가 그렇게 산다는 데 '얻다 대고' 지적을 하느냐는 것이다. 또 기대한 결과가 나오지 않아 남들의 평가가 좋지 않을 때도 내 실력과 노력이 그 정도여서 그런 걸 '어쩔 수 없지' 하며 훌훌 털어버리려고 한다.

남과 비교하지 않는 것도 중요하다. 관계를 망치는 모든 것은 비교에서 비롯하지 않나 싶다. 시기, 질투, 비난, 자기 비하, 열등감, 모욕감 등. 이 모두 남을 이기려는 경쟁심 때문에 일어나는 감정이다. 여기서 벗어나는 방법은 남들이 무엇을 하건 내가 좋아하는 것, 내가 잘하는 일을 하는 것이다. 남들과 한 줄에 서서 경쟁하려 하지 않는 것이다. 다르면 비교도 경쟁도 있을 수 없다.

이 밖에도 나는 모두와 잘 지내려고 하지 않는다. 좋은 사람과 잘 지내기에도 시간이 부족하다. 또한 남에게 큰 기대를 하지 않는다. 흔히들 남이 내게 이 정도는 해줘야 하는 것 아니냐고 기대한다. 혹은 내 기대대로 어느 정도까지는 이뤄주기를 바란다. 그래서 간섭하고 참견한다. 그리고 기대에 못 미치면 실망한다. 가까운 관계일수록 더 그렇다.

모든 관계는 언젠가 끝이 난다. 끝이 나면 후회와 그리움만 남는다. 지금 여기, 눈앞의 상대와 건강한 말로 건실한 관계를 지켜나가자.

살아 있다면,
질문하자!

흔히 하는 말 중에 꺼리는 말이 있다. 이 말을 하면 '너는 그것도 모르냐?', '그것까지 내가 말해 줘야 하냐? 좀 알아서 못 하나?', '지금 내 말에 토 다는 거냐?' 이런 말을 듣기 십상이다. 바로 질문이다.

고등학교 3학년 첫 국어 시간이었다. 선생님께서 참고서 서너 권을 소개해줬다. 나는 선생님께서 소개한 책을 감사한 마음으로 열심히 받아 적었다. 이때 한 친구가 선생님께 질문했다. "선생님, 그 책 사란 말씀이세요?" 순간 선생님의 표정이 일그러졌다. "너 이리 나와." 그 친구가 또 물었다. "왜요?" 순간 일촉즉발의 긴장감이 감돌았다. 선생님이 친구에게 빠른 걸음으로 다가갔다. 선생님에겐 그 친구가 나오는 걸 기다릴 여유와 인내심이 없었다. "너 누구를 책장사로 알아?" 구타가 시작됐다. 친구는 맞으면서도 질문했다. "제가 뭘 잘못했다고 때리세요?"

회사에 다닐 때다. 회의 시간 분위기가 갑자기 험악해졌다. 회의를 주재하던 상사가 어느 직원을 가리키며 소리쳤다. "너나가!" 영문도 모른 채 그 직원은 회의장에서 쫓겨났다. 상사가 이유를 설명해줬다. "저 자식 때문에 기분 나빠 말을 할 수 없어. 내가 말할 때마다 고개를 갸우뚱거려. 내 말이 틀렸어? 내 말이 이상하냔 말이야!"

우리는 질문하는 걸 두려워한다. 모른다는 게 부끄러워서, 나서는 게 싫어서, 상대가 귀찮아할까 봐 그렇다. 나 역시 질문하는 걸 무서워하는 사람이다. 지금 하고 있는 〈강원국의 지금 이 사람〉은 질문하는 프로그램이다. 그래서 힘들다. 방송국 피디는 나의 연설비서관 경력을 보고 진행을 맡겼다. 연설문을 쓰려면 궁금한 걸 대통령께 물어야 하고, 국민이 궁금해하는 내용을 써야 하니 질문 하나는 잘할 거라고 믿었던 것이다. 착각이었다. 나는 받아쓰는 사람이었다. 묻는 사람이 아니었다. 대통령의 말귀를 알아듣고 생각을 읽는 사람이었다. 나는 질문하지 않았다. 눈치로 때려잡았다. 질문하지 않고 알아먹어야 똑똑한 사람이라고 생각했다. 묻지 않고 알아서 척척 해야 유능한 사람이라 여겼다. 나는 그런 사람이었다.

이제는 학교도, 직장도 다니지 않는다. 질문으로 나의 안녕을 해칠 위험이 없다. 그래서 그런지 질문이 많아졌다. 늘 질문 속에서 산다. 글쓰기나 말하기에 관해 모르는 걸 묻고 새로운 사실을 알았을 때, 그게 그렇게 즐거울 수 없다. 그래서 수시로 구글과 유튜브에 묻는다. 글쓰기 책이나 말하기 강연을 들으면서도 의문을 품고 반문한다. '그 말 맞나요? 내 생각은 그렇지 않은데요?'

강의하면서 질문받는 시간이 즐겁다. 내가 가졌던 의문을 수강자를 통해 확인할 때 동질감을 느낀다. 혼자 산책하면서 스스로에게도 묻는다. '이것에 관한 내 생각이 뭐지? 누가 나에게 이것에 관한 의견을 물으면 뭐라 대답하지?', '나 지금 잘 살고 있는 거야?' 이렇게 자문자답하고 스스로 성찰한다.

아내가 간혹 이렇게 묻는다. "당신이 지금 뭘 잘못했는지 알지? 말해봐." 또 이렇게도 묻는다. "나 뭐 달라진 것 없어?" 나는 이런 질문받을 때가 제일 무섭다. 맞힌 경우가 거의 없기 때문이다. 그러면 "왜 그렇게 내게 관심이 없어?", "자기 잘못을 그렇게 모르니, 당신은 그래서 안 돼"라고 말하며 화를 낸다. 결혼한 지 30년이 넘은 지금도 아내가 묻는 게 있다. "처음 만날 때 내 인상이 어땠어?" 나는 늘 이렇게 대답한다. "응, 좋았어." 그러면 "어떻게 좋았는데? 자세히 말해봐"라고 묻고 또 묻는다. 물어보지 않는다고 뭐라고도 한다. "왜 오늘 한 번도 연락 안 해? 그렇게 바빠?", "오늘 내가 뭘 하고 지냈는지 궁금하지도 않아?"

여성이 말을 잘하는 배경에는 질문이 있다. 질문 잘하는 사람이 말을 잘할 수밖에 없다. 질문 역량이 말하기 실력이다. 말 잘하는 사람 하면 가장 먼저 떠오르는 게 누구인가. 아나운서나 방송 진행자다. 아나운서나 진행자가 누구인가. 질문하는 사람들이다.

질문하면 답을 얻고 정보를 얻고 지식을 얻는다. 질문은 호기심을 자극하고 자신을 성장시킨다. 뿐만 아니라 질문을 받는 사람에게도 영향을 끼친다. 질문하면 상대가 마음을 열고 내 말에 귀 기울인다. 질문은 상대의 생각을 촉발시키기도 한다. 질문으로 관심을 보여주면 관계도 돈독해진다.

이성을 소개받는 자리에 나갔는데 상대에 대해 아무것도 궁금하지 않고 묻고 싶은 것도 없는, 그러니까 아무런 의욕도 재미도 못 느끼는 상태, 바로 그 반대되는 형국이 질문하는 상태다.

나는 누군가를 만나면 주로 세 가지를 물으려고 한다. 내가 모르거나 의문이 드는 것을 묻고, 상대가 하고 싶어 하는 말을 묻는다. 그리고 조언을 구하는 질문을 한다. 상대가 아들 자랑을 하고 싶은 것 같으면 아들에 대해 묻고, 어떻게 하면 그렇게 잘될 수 있느냐고 조언을 구한다.

공식적인 만남에서는 머릿속으로 질문 목록을 준비하고 나가는 때도 있다. 대화 석상에서 꼭 확인하고 물어봐야 할 것이 있는데, 이것을 놓치면 자리가 끝나고 후회하게 된다. '그걸 물어봤어야 하는데' 하면서. 질문은 또한 대화가 끊겼을 때 필요하다. 대화하다 보면 양쪽 모두 마땅히 할 말이 없어 어색한 침묵이 흐르는 경우가 종종 있다. 이런 상황에서 준비한 질문은 요긴하게 쓰인다.

직장 상사는 응당 질문해야 한다. 아랫사람이 보고나 발표를 했을 때, 듣고 나면 물어야 한다. '그게 왜 그러는지', '그것을 하면 무엇이 좋은지', '안 하면 뭐가 문제인지', '이렇게 하는 것은 검토해봤는지' 등등. 이런 질문을 통해 일의 완성도와 성공 가능성을 높이고, 아래 직원을 가르치는 역할을 해야 한다. 질문이 상사의 실력이고 의무이다.

아버지는 질문이 참 많은 분이었다. 찾아뵐 때마다 계속 물었다. 어찌 사는지, 그때 그 사람은 지금 무얼 하는지, 앞으로 뭘 할 건지 질문이 꼬리를 물었다. 무에 그리 궁금해하시는지 이해하기 어려울 정도였다. 그런 아버지가 아흔 살 이후로는 잘 묻지 않는다. 이런저런 일을 궁금해하지 않으신다. 묻는 것조차 귀찮아하신다. 매사에 의욕도 없다. 마음이 아프다.

이처럼 질문한다는 것은 단지 알고 싶다는 것 이상이다. 대충 살고 싶지 않다, 더 나아지고 싶다, 숙고하는 삶을 살겠다는 의지의 표현이다. 너무 거창한 것 아니냐고? 좋은 질문이다.

사람을 콕 찍어,
숫자를 콕 집어
말하라

회사 다닐 적 전 직원의 참여를 이끌어내야 할 일이 있었다. 세 가지 방안을 두고 고민했다. 첫 번째는 사장이 전 직원 대상으로 참여를 독려하는 연설을 하는 것이다. 두 번째는 사장이 임원들을 모아놓고 직원들의 참여를 당부하는 방안이다. 마지막 세 번째는 사장이 부서장 한 사람 한 사람을 불러 얘기하는 것이다. 어느 방안이 가장 효과적이었을까.

전 직원을 대상으로 연설하면 직원과의 직접 소통이라는 측면에서 명분이 좋다. 하지만 실리도 있을까? 임원들을 모아놓고 얘기하는 것도 크게 다르지 않다. 임원들은 참여시키겠지만 직원들에게까지 전파가 될지는 의문이다. 부서장들에게 개별적으로 얘기하는 것은 어땠을까. 품은 많이 들었지만 효과는 가장 좋았다. 각자 들은 부서장들이 모두 자기 일처럼 생각했으니까. '링겔만 효과'라는 게 있다. 줄다리기에 참여하는 사람 수가 늘어날수록 각 사람이 쏟아붓는 힘의 양은 줄어든다는 것이다. '내가 아니어도 누군가 하겠지' 하는 심리가 작동한다는 것이다. 사람 수가 많아질수록 묻어가려는 사람 또한 많아지기 마련이다. 그만큼 무책임해질 가능성도 커진다.

사람 수가 중요한 것이 아니라 자기 일이라고 생각하는 '한 사람'이 필요하다. 눈을 뭉칠 때 가장 먼저 작고 단단한 돌멩이 하나가 필요하듯 말이다. '퍼스트 펭귄'이란 말 들어봤을 것이다. 펭귄들은 바다에 뛰어드는 것을 무서워하는데, 펭귄한 마리가 먼저 뛰어들면 모두가 물에 들어간다는 데에서 유래한 말이다. 불확실한 상황에서 누군가 용기를 내 도전하면 다른 사람도 참여하게 된다는 것이다. 바로 그 퍼스트 펭귄을 만들어야 한다. "세 사람이 의기투합하면 없던 호랑이도 만든다"고 하지 않는가.

말이 꼭 그렇다. 모두에게 하는 말은 아무에게도 하지 않은 것과 같은 결과를 낳게 된다. 말하는 대상을 콕 집어 말해야 한다. "거기 뒤돌아보는 사람. 그래, 바로 너!" 이렇게 말이다. 그렇지 않으면 모두가 구경꾼이 된다. 도움을 요청할 때도 "아무나 좀 도와주세요" 하면 도움을 받기 어렵다. 누군가 해주길 바라면 아무도 하지 않을 공산이 크다. "모두 함께해보자"라고 하면 아무나 할 수 있는 일을 아무도 하지 않는 일로 만드는 결과를 빚게 된다. 모두가 해야 하는 일은 누구에게도 자기 일이 아닐 수 있기 때문이다.

사람을 콕 집어 말할 때 할 말도 분명해진다. 학교 다닐 때 군인들에게 위문편지 써봤을 것이다. 국군을 상대로 편지를 쓰면 쓸 말이 있던가? '얼마나 고생이 많으신가요. 덕분에 후방에서 발 뻗고 잘 살고 있습니다. 고맙습니다' 하고 나면 더이상 할 말이 없다. 그런데 군대에 간 형이나 오빠가 있는 경우는 다르다. 할 말이 참 많다. 어떻게든 위로하고 힘을 주고 싶어 이 말 저 말 하게 되고, 편지 받는 사람을 빙그레 웃음 짓게 만든다. 그저 해야 하니까 하는 판에 박힌 말이 아니라, 진심을 담아 말하기 때문이다.

모두를 상대로 말하지 말고 딱 세 사람만 불러서 각별하게 얘기해보라. 특별히 선정된 세 사람은 위험을 무릅쓰고 바닷물에 뛰어들 것이다. 퍼스트 펭귄처럼. 그러면 주저하던 펭귄 모두 일제히 그 뒤를 따를 것이고.

사람만 콕 찍어 말할 게 아니라, 숫자도 콕 집어 말하는 게 좋다. 예전 직장 상사에게 이런 꾸중을 들은 적이 있다. "그렇게 일하면 직무 유기하는 거예요. 숫자를 안 챙기는 건 계기판도 안 보고 비행기 조종하겠다는 심보라고요. 그렇게 감이 좋아요? 숫자도 안 보고 말을 하게?" 이렇게 말이다.

숫자는 힘이 있다. 판단의 근거로 숫자만큼 들이대기 좋은 것도 없다. 숫자는 객관적으로 보이기 때문이다. 현대 경영학의 창시자라는 피터 드러커도 이렇게 말했다. "수치로 측정되지 않는 것은 관리되지 않는다."

수치는 각인 효과도 있다. 제품명에 숫자가 들어간 치약이나 비타민 음료가 많은 것도 이 때문이다. 회사나 개인도 자신의 장점을 보여줄 수 있는 수치를 찾아내 강조하면 큰 홍보 효과를 기대할 수 있다.

또한 숫자로 말하면 치밀해 보인다. 사람들이 다른 건 몰라도 숫자라면 믿는 경향이 있다. 숫자는 거짓말하지 않는다고 생각한다. 실제로, 구체적인 숫자를 언급하는 게 더 믿음을 준다. 부상자가 많다고 하는 것 보다는 부상자가 몇 명이라고 말해야 한다. 코로나19 사태와 같은 위기 상황에서는 더욱 그렇다. 수치가 오락가락하면 위기가 더욱 확대된다.

숫자를 구분해서 말하면 신뢰를 더 높일 수 있다. 경상자 몇명, 중상자 몇명, 내국인 몇명, 외국인 몇명. 혹은 지역별로, 국가별로 말이다. 수치의 비중을 말해주면 더 좋다. 내국인 비중이 몇 퍼센트이고, 외국인 비중은 몇 퍼센트라는 식으로. 수치를 다른 수치와 비교하면 의미가 더 명확해진다. 작년 대비 얼마나 늘었다며 과거 수치와 비교해 추이를 말해주거나, 다른 나라와 비교해서 얼마나 큰 수치인지 보여주는 것이다.

숫자로 말하는 데 있어 주의를 기울여야 할 게 몇 가지 있다. 먼저, 수치는 정확해야 한다. 누락과 과장이 있어서는 안 된다. 누구나 인정하고 믿을 만한 공신력 높은 수치나 통계를 활용해야 한다. 좋은 수치를 발견할 때마다 메모하는 습관을 들이자.

숫자놀음을 해서도 안 된다. 수치는 의도나 목적에 따라 조작 가능하다. 질문을 어떻게 하느냐에 따라 여론조사 수치가 달라지듯 말이다. 질적으로 나빠진 것도 양적으로는 좋아진 것으로 보일 수 있다. 작년에 비해 영업실적이 줄었을 경우, 최근 3년 평균과 비교해서 늘어난 수치를 제시할 수 있다.

느낌으로 말하지 말고 숫자로 말하자. 뜬구름 잡는 소리 하지 말고 숫자로 증명해 보이자. 숫자가 말의 설득력을 높여준다.

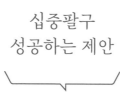

십중팔구
성공하는 제안

　　　　　직장 생활하다 보면 제안할 일이 많
다. 조직 안에서 제안하기도 하고, 다른 조직에 제안하기도 한
다. 기획안이라고 하는 것은 대부분 조직 안에서 하는 제안이
다. 조직에서뿐 아니라 개인적으로도 누군가에게 제안하는
경우는 허다하다.

　그렇다면 제안받는 입장에서 제안하는 사람에게 기대하는
것은 무엇일까. 첫째, 문제점이다. 세상은 문제투성이다. 문제
가 없는 데는 없다. 어디나 골머리 앓는 게 있다. 사실 문제만
일어나지 않아도, 일어난 문제만 잘 해결해도 별걱정이 없다.
그렇기 때문에 무엇이 문제인지, 이대로 두면 어떤 문제가 일
어나는지 알고 싶어 한다. 바로 그 문제점을 찾아 말해줘야 한
다. 문제가 얼마나 심각한지, 문제의 본질이 뭔지 알려줘야 한
다. 그래야 귀가 열린다.

둘째, 이유와 원인이다. 왜 그런 문제가 생겼는지, 또 어떤 새로운 문제가 생길 수 있는지 알려줘야 한다. 사실 이유와 원인은 내부적으로 이미 알고 있다. 그들이 알고 있는 이유와 원인이 옳다는 걸 입증해주기만 하면 된다.

셋째, 대비책과 해결책이다. 이 문제는 이렇게 해결하고, 이런 문제에는 이렇게 대비하라는 해법을 제시해야 한다. 이것이 제안의 핵심이다.

이 밖에도 고려해야 할 요소는 많다. 그 가운데 하나가 근본적인 문제의식이다. 고민의 깊이를 보여줘야 한다. 뿌리를 캐려고 달려들었구나, 생각할 수 있는 것은 다 쑤셨다는 느낌을 줘야 하는 것이다. 매우 어렵지만 중요하다. 치열한 문제의식이 느껴졌을 때 제안받는 쪽은 다른 데를 기웃거리지 않는다. 이것으로 충분하다고 생각한다. 그러면 '끝'이다.

넷째, 쟁점도 넣어줘야 한다. 제안의 장점만 얘기하고 성공 가능성만 강조하면 믿음이 가지 않는다. 제안대로 했을 때 생길 수 있는 문제점도 말해야 한다.

다섯째, 단점과 실패 가능성도 함께 얘기해줘야 한다. 내 제안에 불리하거나 역행하는 사실, 정보도 넣어줘야 내 말에 힘이 실린다.

여섯째, 선택지를 줘야 한다. 제안받는 사람이 고를 수 있도록 해줘야 하는 것이다. 옵션이라고도 한다. 하지만 이는 형식일 뿐, 실제 고르는 사람은 제안받는 사람이 아니고 제안하는 사람이다. 기준과 근거를 무엇으로 하느냐에 따라 특정 안을 선택하게 되어 있고, 그 기준과 근거는 제안하는 사람이 제시하는 것이니까. 선택지 안에 제안자가 정해놓은 답이 이미 있는 것이고, 그것을 고르게 만드는 것이 제안자의 역량이다.

일곱째, 구체적인 실행 계획이다. 소요되는 예산이나 필요한 인력과 시간 등을 상세히 알려줘야 한다.

끝으로, 제안대로 했을 때 얻을 수 있는 이익이나 혜택, 기대효과 등을 보여줘야 한다.

효과적인 제안법을 고민하는 사람에게 영국의 언어철학자 폴 그라이스(Paul Grice)의 '네 가지 대화 원리'는 좋은 참고가 된다. 네 가지 원리는 양의 원리, 질의 원리, 관련성의 원리, 방법의 원리이다.

먼저 양의 원리다. 듣는 사람에게 필요한 만큼의 정보만 제공해야 한다. 불필요한 정보는 제안에서 반드시 제외시켜야 한다. 그렇다고 꼭 필요한 정보를 누락하는 일이 있어서도 안 된다.

둘째, 질의 원리다. 진실하고 정확한 정보만 제공해야 한다. 사실의 불공정한 취사선택, 의미의 임의적 해석, 맥락의 재구성 등으로 거짓과 과장, 부정확한 내용이 들어가선 안 된다.
전체 내용이 나무랄 데 없이 훌륭해도 옥에 티 같은 사소한 흠
결이 전체를 불신하게 만든다.

셋째, 관련성의 원리다. 말하는 내용이 제안의 목적과 주제
에 맞아야 한다. 제안 목적과 주제에 맞는 내용만 넣고, 여기
에서 벗어난 정보는 모두 빼야 한다. 때와 장소, 그리고 듣는
사람의 관심과 수준에 맞춰 말하는 것도 중요하다. 상황과 분
위기에 맞게 말하는 게 관련성의 원리를 지키는 것이다.

넷째, 방법의 원리다. 간결하고 명료하게 제안해야 한다는
것이다. 다시 말해 제안은 짧고 명쾌해야 한다. 이 점에서 모
범을 보인 사람이 스티브 잡스다. 그의 프레젠테이션은 쉽고
단순하다. 핵심적이고 간결하다. 그리고 실질적이다.

제안은 짧고 명확하고 알맹이 있게. 이래도 받아들여지지
않으면 받지 않은 사람만 손해다.

백발백중
성공하는 부탁법

어떤 부탁은 꼭 들어주고 싶고, 또 어떤 부탁은 들어주고 싶은 마음이 전혀 생기지 않는다.

어떻게 부탁해야 들어주고 싶은 마음이 들까.

먼저, 거절당할 부탁은 아예 하지 말아야 한다. 누울 자리를 보고 발을 뻗으라 했다고, 들어줄 수 있는 부탁만 해야 한다. 들어줄 수 있을지 없을지는 곰곰이 생각해보면 알 수 있다. 들어주지 못하는 부탁을 하는 것은 서로의 관계만 나쁘게 할 뿐이다.

부탁하기에 적절한 시간과 장소, 상황도 잘 선택해야 한다. 어떤 부탁은 지나가는 말로 슬쩍 하는 게 효과적인 경우가 있고, 어떤 사안은 차분하고 진지하게 부탁해야 하는 경우도 있다.

친구에게 하는 부탁도 어떤 건 일대일로 만나 하는 게 낫고 어떤 경우는 동창회 같은 모임에서 부탁하는 게 좋을 수도 있다.

부탁 들어줄 사람은 바쁘다. 신세한탄은 다 빼고 부탁할 내용부터 말해야 한다. 나는 부탁할 때 다섯 가지만 얘기한다. 이런 문제가 있습니다. 이렇게 심각합니다. 이런 도움이 필요합니다. 이렇게 하시면 됩니다. 그렇게 도와주시면 이런 결과를 기대할 수 있습니다.

첫술에 배부르지 않다는 말은 부탁하는 사람이 새겨들어야 할 말이다. 한 번에 끝내려 하지 말고 여러 차례에 걸쳐 야금야금 접근해 들어가야 한다. 큰 부탁은 뒤로 미루고 사소한 부탁부터 하는 게 좋다. 혹 들어가면 확 도망가니까.

자신의 어려움을 너무 강조해 과한 부담을 준다거나, 언젠가 당신의 부탁을 들어준 적 있다고 하거나, 들어줬을 때 무엇을 해주겠다고 하는 것은 삼가야 한다. 이렇게 부탁하면 관계가 아예 단절될 수도 있다.

또 이런 반응이 나오게 부탁해서도 안 된다. 왜 부탁을 들어줘야 하는지 이유를 모르겠다거나, 도대체 무엇을 어떻게 해줘야 하는지 부탁 내용이 분명하지 않거나, 들어주고 싶은 마음이 있어도 방법을 모르겠는 경우 말이다.

다음과 같은 부탁은 부탁받는 사람을 화나게 한다. 안 들어주면 나쁜 사람인 것처럼 몰아간다거나, 마치 들어줘야 할 의무가 있는 것 같은 뉘앙스를 풍기거나, 부탁하는 사람이 스스로 노력한 흔적이 전혀 보이지 않거나, 부탁 들어주는 게 당신에게 식은 죽 먹기라고 말하는 경우다.

부탁이 어려운 것은 거절에 대한 두려움 때문이다. 그러므로 부탁할 때는 거절당할 것을 미리 각오하는 자세가 필요하다. 거절당했을 때는 그런 결과를 모두 내 탓으로 돌리고, 후일을 도모해야 한다. 그렇게만 한다면 거절당하는 게 두렵지도 않을 것이고, 오히려 새로운 발전을 위한 디딤돌이 될 수 있을 것이다.

되는 부탁을, 되는 방법으로, 용기 있게, 그러나 무례하지 않게. 실패를 줄이는 최선의 부탁 전략이다.

칭찬도 힘들다,
힘들어!

~~~~~~~~~

　　『톰 소여의 모험』, 『왕자와 거지』 등을 쓴 마크 트웨인은 말했다. "좋은 칭찬 한마디에 두 달은 살 수 있다"라고. 그렇다. 칭찬은 보약과 같다. 하지만 칭찬을 잘못하면 약효가 없을 수 있고, 심지어 독이 될 수도 있다.

　　이런 칭찬이 그렇다. "당신은 목소리나 체형에 비해 얼굴이 훨씬 나아." 칭찬을 듣고도 왠지 개운하지 않다. "목소리나 체형은 어떤데?" 이런 거부감이 든다. 이렇게 비교하는 방법으로 칭찬하는 건 좋지 않다.

　　누구누구보다 네가 잘했다고 칭찬하는 것도 마찬가지다. 남보다 낫다고 하면 싫어할 사람은 없지만, 비교하는 그 누구를 잠재적 경쟁 상대로 만든다. 비교당하는 사람에게는 의문의 1패를 안겨주는 일이기도 하다. 앞으로 남고 뒤로 밑지는 장사다.

평가하거나 시혜를 베푸는 듯한 칭찬도 달갑지 않다. 건들
거리면서 마치 선생님이 학생에게 상 주는 것처럼 칭찬하는
경우이다. '자기가 뭔데 내게 칭찬질이야'라는 반감을 살 수
있다.

칭찬하는 대상에도 신경 쓸 필요가 있다. 옷을 입은 사람이
아니라 옷을 칭찬한다든가, 아이디어를 낸 사람을 칭찬하지
않고 아이디어를 칭찬하는 것도 대상을 잘못 고른 경우다. 기
껏 칭찬하고도 효과는 별반 없을 수 있다.

과정을 무시하고 결과만 칭찬하는 것도 금물이다. 이런 칭
찬에 길들면 겉모양만 꾸미려고 한다. 과정이야 어쨌든 결과
만 좋으면 되니까.

칭찬받는 사람이 약점이라고 생각하는 걸 칭찬하는 것도
까딱하면 조롱으로 비칠 수 있다. 살찐 것을 콤플렉스로 여기
는 사람에게 건강해 보인다고 하거나, 얼굴에 있는 점을 못마
땅하게 여기는 사람에게 복점이 부럽다고 하는 등이 그 예다.
특히 외모를 갖고 하는 칭찬은 잘못하면 희롱이 될 수 있으니
각별히 조심해야 한다.

'창의적이다', '성실하다'와 같은 두루뭉술한 칭찬도 바람
직하지 않다. 예를 들어 성실하다고 칭찬하려면 그런 상황이
생겼을 때 그때그때 칭찬해주는 게 낫다. 그래야 칭찬거리도

많고 구체적인 칭찬이 된다. 모호한 칭찬은 효과가 크지 않다.

칭찬을 빙빙 돌려가며 하는 것도 좋지 않다. 칭찬은 꽈배기가 아니다. 배배 꼬지 말고 직접적으로 해야 한다. 또 기왕 할거면 인색하지 않고 후하게 인심을 써야 한다.

뭔가를 바라고 칭찬하는 것도 조심해야 한다. 칭찬이 아닌 아첨으로 오해받을 수 있기 때문이다.

무엇이든 지나친 건 아니함만 못하다. 과공비례(過恭非禮)라고 하지 않는가. 공손함도 지나치면 예의가 아니듯, 칭찬도 지나치면 무례가 될 수 있다.

칭찬은 순수한 마음으로 해야 한다. '이렇게 칭찬해주면 더 잘하겠지'라는 계산으로 칭찬하면 안 된다.

아내는 이렇게 칭찬한다. "아이고 잘하네. 어디서 이런 사람이 태어났을꼬. 또 해봐, 또 해봐."

시켜먹으려고 한다는 것을 금세 눈치채지만 나도 모르게 열심히 하고 있다.

귀에 딱지가
앉도록 말하라

같은 말을 반복해서 들으면 어떤가. '아유 지겨워. 나를 뭘로 보고. 내가 무슨 말인지 못 알아들었을까 봐? 한 얘기 또 하고 또 하고, 아주 귀에 딱지가 앉겠네.' 그렇다. 같은 말을 반복하면 잔소리꾼이란 핀잔을 듣게 된다. '저 사람은 아는 게 저것밖에 없나 봐'라며 콘텐츠가 빈곤한 사람으로 취급받기도 한다. 그래서 사람들은 같은 말을 반복하는 걸 꺼린다. 그런데 김대중 전 대통령은 달랐다. "나는 열 번 얘기해도 듣는 사람은 처음이다. 반복해서 말해야 내가 무슨 말을 하려고 하는지 알 수 있다." 미국의 기업가 잭 웰치(Jack Welch)도 비슷한 말을 했다. "열 번 얘기하지 않으면 한 번도 하지 않은 것과 같다."

필요한 말은 반복해야 한다. 귀에 딱지가 앉도록 계속해야 한다. 매번 처음 하는 말처럼 반복, 또 반복해야 한다. 반복은 각인 효과만 있는 게 아니다. 믿게 만드는 효과도 있다. 사람은 같은 얘기를 여러 번 듣다 보면 자기도 모르게 그게 진실이라고 믿는 경향이 있다. 광고 카피가 같은 문구를 오랫동안 고수하는 것도 이 때문이다.

말의 전쟁 시대이다. 영업이나 마케팅, 발표와 제안, 회의나 토론 등에서 1등으로 뽑히는 말을 해야 한다. 그렇지 않은 말은 소리 없이 사라진다. 말한 사람도 헛수고만 한 셈이 되고 만다. 말의 경쟁에서 살아남는 몇 가지 길이 있다. 첫째, 빨라야 한다. 남보다 앞서 메시지를 선점해야 한다. 둘째, 달라야 한다. 누구나 하는 말은 의미 없다. 나만 할 수 있는 말을 해야 한다. 셋째, 강해야 한다. 강조해야 한다는 것이다. 바로 이럴 때 반복이 쓰인다. 1등만 기억하는 세상. 씁쓸하지만 어쩌겠는가. 살아남아야 하지 않겠는가.

반복은 말하는 자신에게도 최면 효과를 일으킨다. 사람은 누구나 말과 행동을 일치시키려고 한다. 이른바 인지부조화 상태에서 벗어나려고 하는 것이다. 그러다 보니 자기가 한 말에 책임감을 느낀다. 말이 자신의 행동을 제어하고 추동한다. 거짓말도 반복하다 보면 마침내 그것이 실제라고 믿어버리는 '리플리 증후군'처럼 말이다.

고등학교 다닐 때 어느 날부터 화장실만 가면, '저는 무슨 대학 무슨 과에 다니는 강원국입니다'라는 말을 마음속으로 중얼댔다. 얼추 골백번도 더 한 것 같다. 그리고 그대로 됐다. 전공만 달라졌을 뿐 그 학교에 들어갔다. 요즘도 아침마다 반신욕할 때면 뇌까리는 말이 있다. '나는 책 10권을 쓰고 100만 부를 팔 것이다. 글쓰기, 말하기 하면 가장 먼저 떠올리는 사람이 될 것이다.' 이 책이 일곱 번째 책이고, 지금까지 대략 50만 부 이상은 팔았으니 목표를 향해 순항 중인 셈이다. 말이 씨가 된다. 그 씨앗은 열매를 맺는다. 마음속에 있는 목표를 꺼내보자. 되고 싶은 모습대로 말해보자.

반복해야 할 것은 말뿐이 아니다. 일도 마찬가지다. 같은 일을 반복하다 보면 누구나 그 일의 달인이 된다. 고인이 된 김우중 대우 회장에게 이런 얘기를 들은 적이 있다. "하루에 1센티미터씩 높여가며 뛰어내리는 훈련을 반복하다 보면 누구나 높은 절벽에서 뛰어내릴 수 있다." 이른바 그의 '도사론'이다. 허무맹랑한 얘기로만 들리나? 아니다. 어떤 일이든 거듭하다 보면 머리가 아닌 몸이 체득하게 된다. 좋은 습관이 만들어지고, 습관의 반복은 기적도 만들어낸다.

〈생활의 달인〉이라는 TV 프로그램에 나오는 사람들도 대부분 반복의 달인이다.

인기 있는 유튜브 채널도 같은 원리를 빌리고 있다. 코너마다 포맷은 매번 똑같다. 그 안에 사례가 바뀔 뿐이다. 성공한 기본 틀을 반복해서 쓰는 것이다. 조금 미련해 보여도 오르고 또 오르면 못 오를 리 없는 것도 그렇고, 서당 개가 풍월을 읊을 수 있는 것도 반복의 힘이다.

이야기꾼이 세상을
이끌어간다

바야흐로 스토리텔링 시대이다. 자신만의 독보적인 이야기를 갖고 있는가. 이제 당신의 시대가 열렸다.

말 잘하는 사람의 공통점 중 하나도 말속에 이야기의 비중이 크다는 점이다. 그래서 말 잘하는 사람을 이야기꾼이라고도 한다. 이야기는 힘이 있다. 무엇보다 재밌다. 교훈도 준다. 두고두고 기억도 잘 난다.

2018년 노벨 문학상을 받은 폴란드 소설가 올가 토카르추크(Olga Tokarczuk)는 이렇게 말했다. "이야기야말로 물, 불, 흙, 공기 다음의 다섯 번째 원소이다."

사람들은 왜 이야기에 열광할까. 아주 먼 옛날, 이야기는 생존의 문제였다. 어디에 먹을 것이 있고, 어디를 가면 위험하다는 정보는 이야기를 통해서만 얻을 수 있었다. 이야기를 좋아했던 사람은 살아남고, 귓등으로 들은 사람은 도태됐다. 그렇게 세월이 흐르다 보니 자연스럽게 이야기 좋아하는 사람만 추려지지 않았을까.

그래서 우리는 어릴 적부터 할머니에게 이야기해달라고 졸랐다. 할머니 무릎 위에 앉아 옛날이야기를 들을 때 세상 편했다. 뿐만 아니라 이름 모르는 사람의 사연에도 가슴 뭉클해했다.

절절한 스토리는 심금을 울린다. 뜨는 브랜드나 주목받는 연예인의 배경에도 스토리가 있다.

소위 먹히는 이야기의 조건은 무엇일까. 영화를 떠올려보면 쉽다. 우선, 재미있는 영화는 흔한 이야기가 아니다. 식상하지 않고 신선하다. 갈등과 긴장이 있다. 영웅과 악당, 조력자와 적대자가 등장한다. 주제 의식이 분명하고 깊이가 있다. 그리고 누구나 경험해봤음 직한 이야기로 공감을 일으키고 몰입하게 한다. 복선이 있고, 의외의 반전이 있다. 애처로움과 안타까움, 슬픔, 분노와 같은 감정을 자극하다, 결말에서 감정과 궁금증을 풀어줌으로써 카타르시스를 느끼게도 해준다. 이야기가 늘어지고, 처음부터 결말이 예상되거나, 무슨 내용인지 모르겠으면 최악이다.

뭐니 뭐니 해도 이야기는 재미있어야 한다. 사람들은 자신이 관심 있는 내용을 재밌어한다. 그러므로 사람들의 시선이 어디로 가고 있는지 예의주시해야 하고, 사람들이 관심 있어 하는 걸 찾아 이야기해야 한다. 반전이 있을 때 이야기는 더 재밌어진다. 사람들은 이야기를 들으며 다음에 나올 내용과 결말을 예상한다. 그러면서 예상한 결말보다는 의외성을 기대한다. 도움이 되는 이야기도 재미있게 듣는다. 찾고 있던 정보나 익히고 싶은 기술에 관한 이야기에 귀를 쫑긋 세운다. 자신이 모르는 지식을 담고 있는 이야기도 마찬가지다.

들고 싶어 하는 것은 또 있다. 사는 이야기다. 남들은 어떻게 사는지 궁금해한다. 남이 사는 이야기를 들으면 대리경험과 대리만족을 한다. 남들의 사는 모습에 공감하고 그로부터 위로받는다. 때로는 용기를 얻기도 한다. '맞아, 사는 건 다 똑같아. 모두 힘들어', '저렇게 다시 일어서는 사람도 있구나. 저런 길이 있네?' 특별한 정보나 노하우를 알려주지 않아도 된다. 내가 사는 이야기를 하면 된다. 나의 일화, 스토리 말이다. 반드시 내 것일 필요도 없다. 남의 사례나 신화, 설화, 민담, 고사, 전설, 우화 같은 이야기도 좋다. 영화나 음악도 그 안에 사는 이야기를 담고 있다.

이야기는 갈등을 품고 있어야 한다. 갈등이 없으면 밋밋하다. 사실 세상사는 갈등의 연속이다. 재밌는 이야기는 갈등이 점점 고조된다. 그리고 마침내 절정을 맞는다. 갈등상태에서 끝내서도 안 된다. 끝에는 갈등이 해소되어야 한다. 사람들은 해피엔딩을 좋아한다. 여운까지 남겨주면 금상첨화다.

세상은 이야기 천지다. 사연 없는 사람이 없지 않은가. 복잡한 사연, 억울한 사연, 애처로운 사연 등 각양각색의 사연이 많다. 일화라는 것도 많다. 술과 관련한 일화, 돈에 얽힌 일화, 직장 일화 등 다양하다. 사례도 있다. 주변에서 일어나는 사건 모두가 여기에 해당한다. 책에도 인용할 사례가 많다. 멀리 갈 것도 없이 오늘 신문만 봐도 사례가 넘친다. 이 밖에 인물에 관한 이야기도 있고, 역사 이야기도 있다.

이야기 교본인 문학작품도 있다. 이렇게 이야기 소재는 널려 있다. 하지만 이야깃감이 많다고 모두가 말을 잘하는 것은 아니다.

이야기를 잘하려면 어떻게 해야 할까. 이야깃거리를 수집해야 하고, 수집한 이야기를 맛깔스럽게 전달할 수 있어야 한다. 나는 신문과 잡지에 난 인터뷰 기사나 TV의 인생 다큐멘터리 보는 것을 즐긴다. 남들이 사는 걸 엿보거나 구경하는 게 재미있다. 사회관계망(SNS)을 보는 이유이기도 하다. 듣고 보고 읽은 이야기는 내 말의 사례로 등장한다.

매일 겪는 일상 중에 두 가지에 초점을 맞춰 이야기를 찾아보라. 하나는 재미이고, 다른 하나는 의미이다. 재밌는 일은 반드시 일어난다. 재미를 찾으려고 노력하는 사람 눈에는 더 잘 보인다. 심지어 그런 일을 만들기도 한다. 재미만 있어도 되지만, 감동을 주려면 의미가 필요하다. 의미 있는 이야기는 강렬한 느낌이나 깨우침을 준다.

이렇게 이야기가 준비되면 다음은 배열이다. 좋은 이야기는 궁금증을 자아내는 방식으로 시작한다. 그런 다음 딴생각하지 못하게 붙들어둔다. 구성이 치밀해야 한다. 등장하는 인물과 사건이 따로 놀지 않고 인과관계로 긴밀하게 연결돼야 한다. 결과가 있으면 원인이 있고, 행동이 있으면 의도가 있다. 도전하거나 변화를 시도하면 갈등과 충돌이 일어나고 마침내 해결이 된다.

이야기 전달은 디테일이 생명이다. 자세하게 묘사해줘야 머릿속에 그림이 그려지고 귀에 생생하게 들린다. 리얼해지는 것이다. 유명 유튜버들을 보라. 하나같이 이야기를 구체적으로 한다. 시간적, 공간적 배경뿐 아니라 상황과 분위기 등을 상세하게 들려준다. 그럴수록 이야기는 재밌다.

디테일과 함께 이야기를 잘 전달하는 방법은, 이야기하는 사람이 자신의 캐릭터를 만드는 것이다. '웃기는 사람'으로 정평이 나 있으면 그 사람이 말할 차례가 되면 사람들이 웃을 준비를 하고 기다린다. 그러면 십중팔구 웃게 돼 있다. 이처럼 자기만의 색깔을 가지면 같은 이야기도 훨씬 효과적으로 전달할 수 있다.

우리는 하루하루 이야기를 만들어간다. 의도하든 그렇지 않든 이야기는 시시각각 만들어진다.

그 이야기가 모여 우리의 삶이 된다. 삶 자체가 한 토막의 긴 이야기다. 사람은 죽어서 이야기를 남긴다.

내 삶을
바꾸는 유머

오래전에 예능 프로그램에 나간 적이 있다. 김구라 씨와 글쓰기에 관해 얘기를 나누는 프로그램이었다. 시청자들이 실시간으로 댓글을 달고 그것이 화면에 뜨는 프로였다. 인기 순위도 정해졌다. 화면 가득히 '노잼, 노잼, 노잼' 도배가 됐다. 나는 방송 내내 멘붕 상태였다. 결국 꼴찌를 하고 말았다. 내 말이 재미없었던 탓이다.

아무리 좋은 말도 재미가 없으면 꽝이라는 걸 그때 절실히 깨달았다. 말은 어찌 보면 재미가 전부다. 재미없는 말에는 사람들이 귀 기울이지 않는다. 재미가 없으면 의미도 전달되지 않는다.

재미있는 말을 하려면 말하는 사람이 재미있어야 한다. 말하는 게 재미있고 사는 게 재미있어야 한다. 그러나 우리 사회는 어떤가. 재미있게 살려고 노력하는 사람을 보면 "저 친구

되게 실없어"라고 한다. 재미없는 사람이 재미있는 사람에게 '웃기는 녀석'이라고 비웃는다. 웃음, 놀이, 재미에 제값을 쳐 주지 않는다. 선진 기업이 놀이를 권장하고, 미국 대통령 연설 팀에 조크 담당을 따로 두고 있는 것과 대조적이다. 그들은 사람과 시간이 남아돌아서 재미를 추구할까?

〈대화의 희열〉이란 프로그램 패널일 때, 안정환 선수가 그 랬다. 한국 축구가 세계 4강에 다시 오르려면 어릴 적부터 축구를 재미로 해야 한다고. 결사적으로, 애국심으로 하는 축구는 한계가 있다고.

그런 말도 있지 않은가. 뛰는 사람 위에 나는 사람 있고 나는 사람 위에 노는 사람 있다고. 창의와 창조는 엄숙함에서 나오지 않는다. 근엄하면 즐겁지 않다. 권위적일수록 재미는 없다.

유머를 찾는 사람이 부쩍 많아졌다. 세상이 각박해져서 그럴까. 아니면 삶의 여유가 생겼다는 의미일까. 이유야 어쨌든 사람들은 유쾌하게 살고 싶어 한다. 심지어 조직에서도 웃음을 찾는다. 창의성은 유쾌한 분위기에서 잘 발휘되기 때문이다.

유머는 세 가지를 바꾼다. 어색한 분위기를 바꾸고, 나에 대한 인상을 바꾸고, 내 삶을 바꾼다. 유머러스한 사람이 되려면 어떻게 해야 할까. 용감해야 한다고 생각한다. 유치하단 소리를 들을 용의가 있어야 한다. 유치하고 썰렁하면 어떤가. 유머는 유머일 뿐이다. 쫄 필요 없다. 아니면 말고다. 그냥 던져 보는 거다. 차갑고 딱딱한 것보다는 밝고 활기찬 게 낫잖은가. 남을 즐겁게 해준다는 게 얼마나 가치 있는 일인가. 거기에 자신까지 즐겁다면 안 할 이유가 없다.

의사 친구가 있다. 만날 때마다 아재 개그를 날려서 분위기를 썰렁하게 만든다. 그래도 아랑곳 않고 꿋꿋하게 날린다. 유머 감각을 타고난 친구가 아니다. 친구들 만날 때는 웃기는 말을 준비해 온단다. 그 정성이 갸륵해서 다들 참고 들어준다. 늘 그러니, 그러려니 한다. 그런데 그러면 그럴수록 이 친구 유머가 일취월장한다.

그런데 웃기는 말만 재밌을까? 그렇지 않다. 재밌는 말의 범위는 넓다. 모르던 것을 알게 해줘도 재밌다. 공감되는 말도 "맞아, 맞아" 하면서 재밌어한다. 관점이 새롭거나 해석이 기발해도 재밌고, 명쾌하게 정곡을 찌르는 말도 재밌다. 일화를 잘 섞어도 재밌다. 무릎을 탁 치게 만드는 말은 "거참 재밌네" 하며 감탄까지 자아낸다.

이 친구가 그런다. 유머에 신경 쓰기 시작하면서 삶이 바뀌었다고. 우선 유머거리를 찾는 게 즐겁단다. 재미있는 유머거리를 찾았을 때 그렇게 좋을 수가 없다고. 써먹을 기회를 노리는 것도 재밌고, 반응이 좋으면 그 기쁨은 더할 나위 없다고.

실없어 보이면 어떠냐고. 실속 있으면 되는 것 아니냐고. 이 친구를 보면 알 수 있다. 유머 감각은 선천적으로 타고나는 게 아니다. 누구나 마음먹고 노력하면 웃기는 사람이 될 수 있다. 오늘부터라도 유머러스한 사람에 도전해보자. 다만, 남에게 웃음을 강요하진 말자. "내 얘기 재밌지 않아?", "왜 안 웃지?"

나도 전전긍긍, 안달복달에서 벗어나 여유와 재미를 찾으려고 한다. 말이 즐거우면 일상이 즐겁고 삶이 행복해지지 않을까 싶다. 이왕 사는 거, 비극보단 희극이 낫지 않겠는가.

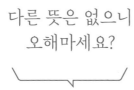

다른 뜻은 없으니
오해마세요?

"중학교 2학년이 알아먹을 수 있게
말하라." 학교 다닐 적에 이렇게 배웠다. 이제는 맞지 않는 말이
다. 우리가 중2 수준을 몰라서 하는 소리다. 대화를 해보니 중2
들 보통이 아니다. 이젠 초등학교 2학년 수준으로 낮춰야 한다.

다음은 초등학교 2학년도 알아먹을 수 있게 말하는 법이다.

첫째, 한자어보다는 우리말이 알아먹기 좋다. '대동소이하
다'는 '비슷하다'로, '경악했다'는 '놀랐다'로, '역임했다'는
'지냈다'라고 말하면 된다.

둘째, 현학적 표현을 자제한다. 말이 유창하다는 소리를 듣
기 위해 미사여구를 남발하거나, 많이 아는 것처럼 보이기 위
해 자신도 모르는 말을 주저리주저리 하지 않는 것이다. 이런
사람은 또 현실과 동떨어진 말도 즐겨한다. 이른바 거대담론
이란 것 말이다.

셋째, 이정표로 알려준다. 길게 말해야 하는 경우는 중간중간 내 말이 어디쯤 가고 있는지 알려준다. "지금까지 무엇을 말했고, 이제부터는 무엇에 관해 말하겠다" 하는 식으로.

넷째, 자세히 말한다. 대충, 띄엄띄엄, 추상적으로 말하지 않고 조목조목, 상세하고, 구체적으로 말한다.

끝으로, 말만 하지 않고 그렇게 말하는 배경까지 말한다. 이렇게 말하는 이유나 취지, 의도, 목적까지 밝히는 것이다.

개떡같이 말해도 찰떡같이 알아들으라고? 개떡은 개떡일 뿐이다. 오해의 출발은 무슨 말인지 알아먹지 못하는 데서 비롯한다.

말은 이럴 때 오해를 낳는다. 우선, 말 자체가 어려운 때다. 난해하다고도 한다. 사실관계를 정확히 알지 못할수록 어렵게 말하게 되고, 듣는 사람은 어렵게 느껴진다. 이건지 저건지 모호할 때도 그렇다. 애매한 경우이다. 자신이 없을 때 에둘러 말하게 되고, 그러면 오해를 살 수 있다. 어려운 말로 멋있게 말하기보다는 쉬운 말로 맛있게 말하자.

생략과 비약이 있어도 오해를 산다. 다 알겠거니 하면서 지레짐작으로 드문드문 말하면 오해가 생긴다. 상대방이 아무것도 모른다고 가정하고 또박또박 말해줘야 한다. 처한 입장에 따라 다르게 들리고 오해를 낳을 수 있기 때문이다.

벤처기업에서 테크니컬라이팅 생활을 몇 년 한 적이 있다. 테크니컬라이터는 기업이 만든 제품이나 서비스, 기업이 가진 기술을 소비자에게 알기 쉽게 설명하는 역할을 하는 사람이다. 그 일을 하며 알게 된 사실인데, '제품'이란 말을 놓고 개발부서와 영업부서가 생각하는 게 다르다. 그래서 오해가 생긴다. 개발부서에서 말하는 '제품'은 완성도가 높은 제품을 말한다. 하지만 영업부서에서 말하는 '제품'은 잘 팔리는 제품이다. 완성도가 높으면 잘 팔릴 가능성은 높지만, 꼭 그렇지만은 않다. 완성도를 높이기 위해 공을 들이다 보면 팔 타이밍을 놓치기도 하고, 반대로 팔기 위해 잽싸게 만든 제품에 하자가 생겨 안 팔리는 제품이 되기도 한다. 이처럼 좋은 제품에 대한 생각이 서로 다르면, 이런 차이 때문에 소통에 어려움을 겪는다.

말하는 사람의 속내를 잘 파악하지 못해도 오해가 생긴다. "아주 잘들 한다"라는 말은 정말 잘한다고 생각해서 하는 말이 아니다. 말도 새겨들어야 한다. 새겨듣지 않으면 눈치 없는 사람이 되고 만다. 눈 밖에 날 수도 있다. 상사가 "대충 해보세요"라고 했다고 하자. 정말 대충 하라는 소릴까. 그럴 수도 있겠지만 그냥 하는 소리일 가능성이 높다. 그 말대로 하지 않고 꼼꼼하게 준비한 사람이 상사의 의중을 더 잘 파악했을 수 있다는 얘기다. "허심탄회하게 말해라" 한다고 거리낌 없이 말해보라. 역시 직장 생활을 오래 하기는 힘들 것이다.

말이 전부가 아니다. 말을 듣지 말고 생각을 봐야 한다. "좋은 말로 할 때 잘 들어." 이런 말 흔히 한다. 여기에는 이런 생각이 숨어 있다. '보자 보자 하니까', '나 지금 참고 있는 거야', '폭언을 할 수도 있어', '폭력도 가능해', '성질 건들지 마', '넌 내 아래야', '까불고 있어!'

"지금 하는 일 힘들지 않아?", "어려운 일 있으면 말해." 이 말은 상대를 걱정해주는 말 같지만, '네가 미덥지 않다', '너 때문에 내가 걱정이 많다'는 생각을 내포할 수도 있다.

말하는 사람도 잘 생각해서 말해야 한다. "내 말이 그게 아니라니까요. 참 답답하네", "왜 내 말에 자꾸 트집을 잡는 겁니까. 내게 무슨 감정 있어요?" 이래봤자 뒷북일 뿐이다.

말은 너무 가까워도 곤란하다. 허물없이 말하다 보면 의도하지 않게 선을 넘게 되고, 급기야 불편하고 피곤한 관계가 된다.

선을 넘지 않으려면 주제를 잘 알아야 한다. 이런 말 자주 하지 않는가? "제발 주제넘은 소리 좀 하지 마라." 무엇이 '주제넘은 소리'일까. 나는 주제넘은 소리를 세 가지로 해석한다.

첫째, 참견하지 마라. 우리는 시시때때로 남을 돕기 위해, 남에게 가르침을 주기 위해 참견한다. 참견하는 사람의 의도는 나쁘지 않다. 문제는 듣는 사람의 느낌이다. 듣는 사람이 "당신이 왜 내게 그런 소리를 해. 당신이 뭔데?" 이런 반응이 나오면 주제넘은 것이다. 과도한 친절은 간섭이고 참견이다. 선을 넘은 것이다. 적절한 선에서 참견하는 것, 그것이 주제넘지 않는 첫 번째 요령이다.

이때 한 가지 짚고 가야 할 게 있다. 자신의 '주제'가 따로 있지는 않다는 점이다. 흔히 '네 주제를 알라', '네 분수를 알라'고 하는데, 이 점에 대해선 동의하기 어렵다. 분수라는 게 따로 있다고 생각하지 않기 때문이다. 참견하고 간섭할 자격이 있는 사람이 따로 있다고 보지 않는다. 그것은 자격의 문제가 아니라 정도의 문제이다. 아무리 자격이 있는 사람도 도가 지나치면 주제를 넘는 것이다.

둘째, 분위기를 맞춰라. 말해야 할 때 말하고, 침묵해야 할 때 조용히 있는 것, 또 상황에 맞는 말을 하는 것. 이것이 주제 넘지 않는 것이다. 그렇지 않고 생뚱맞은 소리나 어깃장 놓는 소리를 하면 '저 사람 뭥미?'라는 반응이 나오거나 푼수란 소리를 들을 수 있다.

세 번째가 가장 중요한데, 바로 주제에 맞는 말을 해야 한다는 점이다. 그러기 위해 우선 주제를 갖고 말을 시작해야 한다. 내 말을 한마디로 요약하는 주제가 있어야 하는 것이다.

듣는 사람의 머릿속에 꼭 남기고 싶은 한마디, 나의 주장이나 내 말의 결론이 되는 그 한마디를 전하기 위해 말해야 한다.

그렇다면 내 말의 주제는 어디에서 찾을 것인가. 나는 두 군데에서 찾는다. 그 하나는, 내가 지금 말하는 이유나 목적이다. 나는 지금 무엇을 얻기 위해 말하는가, 나는 왜 말하는가. 다른 하나는 내 말을 통해 무엇을 주려고 하는가이다. 지금 하는 말이 꼭 필요한 말인가, 내 말을 듣고 상대가 무엇을 얻어가게 할 것인가 하는 것이다. 주제가 분명하면 말이 길어지거나 중언부언하지 않는다. 핵심으로 직행한다.

통상 주제는 핵심 메시지와 키 메시지로 구성되는데, 핵심 메시지는 말 그대로 가장 핵심적인 한마디의 말이고, 이를 보완하기 위해 동원되는 것이 키 메시지이다. 예를 들어 국민통합이 핵심 메시지라면, 키 메시지는 지역감정 해소, 양극화 극복, 계층 갈등 완화 등이 되겠다.

주제를 밝히는 방식은 여럿이다. 서두에 밝히고 시작할 수도 있고, 반복해서 여러 번 얘기함으로써 주제를 강조할 수도 있다. 광고 카피 같은 멋진 주제문을 만들 수 있다면 최고지만, 가장 중요한 것은 주제에서 벗어난 얘기는 하지 않는 것이다. 그래야 주제넘지 않게 된다.

대화의 달인이
되려면

13세기 신성로마제국 황제 프리드
리히 2세가 유모에게 여섯 아이를 맡겨놓고 절대 말을 걸지
못하도록 했다. 외부 영향이 없는 상태에서 어떤 언어를 선택
하는지 알고 싶어서였다. 그런데 어떤 언어로도 말하기 시작
하는 아이는 없었다. 여섯 아기 모두 날로 쇠약해지다가 결국
죽고 말았다. 대화의 부재가 낳은 참사였다.

대화는 사람이 살아가는 데 필수적이다. 우리 일상은 대화
그 자체다. 그럼에도 대화를 잘하기 위해 노력하는 사람은 드
물다. 대화를 잘하기 위해 어떻게 해야 할까.

모든 대화는 목적이 있다. 대화할 때는 그 목적을 생각해봐
야 한다. 그것에 충실했을 때 내실 있는 대화를 할 수 있다. 재
미를 위한 대화는 농담과 유머, 이야기에 충실해야 한다. 설명
이 목적이라면 쉽고 친절하게 말해야 하고, 설득하려면 근거

와 이유를 대는 데 최선을 다해야 한다. 이 밖에도 칭찬과 꾸중, 거절, 사과, 지시, 보고, 부탁 등 다양한 목적에 따라 내용과 방법을 달리해서 말해야 한다. 내가 지금 무슨 목적으로 대화하고 있는지 생각해봐야 하는 것이다.

마음을 여는 것도 필요하다. 그래야 나도 편하고 상대도 편하다. 먼저 속내를 털어놓아 봐라. 감정과 느낌을 솔직하게 얘기하고 빈틈도 보여줘라. 상대는 나의 약점, 미숙함, 실패담을 들으며 경계를 풀고 오히려 인간미를 느낄 것이다.

핵심은 대화 상대방을 주인공의 자리에 앉히는 것이다. 세계적인 미디어 학자 마샬 맥루한(Marshall Mcluhan)은 "훌륭한 커뮤니케이터는 상대의 언어를 사용한다"고 했다. 대화의 성공 여부를 결정하는 것은 내가 아니라 대화 상대방이다. 상대가 대화에 흡족해하면 소통은 성공한 것이고, 아무리 내가 만족스럽게 대화했어도 상대가 만족하지 못하면 실패한 소통이다.

상대를 만족스럽게 하려면 어떻게 해야 할까. 무엇보다 주파수를 잘 맞춰야 한다. 회사에 이런 직원 한둘은 꼭 있다. 일은 죽어라 하는데 승진은 안 되는 직원, 성과 좋고 역량도 나쁘지 않은데 늘 눈치 없다고 핀잔 듣는 직원 말이다. 이유는 하나다. 상사 혹은 조직과 주파수를 못 맞추기 때문이다. 남의 다리 열심히 긁고 있는 것이다. 주파수 맞추기는 조직 생활의

거의 전부다. 하지만 쉽지 않다. 상사나 회사의 진짜 생각과
내뱉는 말이 다르기 때문이다.

그럼 어떻게 주파수를 맞출 것인가. 속마음, 의중을 읽어야
한다. 의중은 실제로 있을 수도, 없을 수도 있다. 하지만 늘 있
다고 생각하는 게 좋다. 그래야 보인다. 없다고 생각하는 사람
에게는 절대 보이지 않는 게 의중이다.

흔히 니즈(needs)와 원츠(wants)가 있다고 한다. 뜻은 비슷하
지만 두 단어 사이에 미묘한 차이가 있다. 니즈는 필요한 것
이고, 원츠는 원하는 것이다. 예를 들어 배가 고파 먹을거리를
찾는 것은 니즈다. 이에 반해 원츠는 진짜 먹고 싶은 것이다.
니즈는 겉으로 드러난다. 하지만 원츠는 꼭꼭 숨겨져 있다. 이
런 원츠가 바로 의중이다.

상대에 대한 배려는 기본이다. 배려하는 사람은 쉽고 간결하
게 말한다. 내가 뭐라고 말했는지보다 상대가 어떻게 들었는지
를 중요하게 생각한다. 그래서 또박또박 말한다. 너무 빠르지
도 느리지도 않다. 말의 무게중심이 듣는 사람에게 가 있다.

배려하는 사람은 일방적으로 말하지도 않는다. 상대에게도
말할 기회를 준다. 잘 듣는다는 뜻이다. 대화에서 소외돼 있는
사람도 잘 챙긴다. 토론할 때도 자기 혼자 길게 말하지 않는다.

배려하는 사람은 관점의 차이를 인정하고 받아들인다. 개개

인의 취향도 존중한다. 개성과 다양성을 중시한다. 잔에 물을 따를 때 물병의 모양을 잘 보고, 입구가 좁은지 넓은지, 물은 얼마나 담길지 봐가며 물을 따르듯 말도 그렇게 한다.

배려하는 사람은 누군가에게 상처 주지 않으려고 노력한다. 내가 원하지 않는 것은 다른 사람에게도 그렇게 하지 않는다. 한마디로 무례하지 않다. 또한 내가 한 만큼 나에게 돌아온다는 사실도 잘 안다.

이를 실천하는 방법으로 미국 심리학자 마셜 로젠버그(Marshall Rosenberg)가 제시한 '비폭력대화'가 있다. 비폭력대화는 관찰, 느낌, 욕구, 부탁의 4단계로 이뤄진다. 상대의 말을 있는 그대로 '관찰'하고, 그에 대한 '느낌'을 말한 후, 자신의 '욕구'를 표현하고, 상대에게 '부탁'하는 것이다.

아내는 내가 어떤 말을 하면 "뭐?" 하고 되묻는 버릇이 있다(관찰). 어느 날 나는 아내에게 "당신이 내 말에 귀 기울이지 않아 언짢다"고 내 기분을 말했다(느낌). 그런 후 내가 왜 기분이 안 좋은지 생각해보니, 아내에게 존중받고 싶은 마음이 있어서 그런 것 같다(욕구). 나는 "당신이 내 말에 조금만 더 신경써줬으면 좋겠다"라고 말했다(부탁).

이렇게 하면 상대를 비난하거나 공격하지 않으면서 부탁으로 연민의 감정을 불러일으켜 발전적인 변화의 계기를 마련하게 된다.

"발 없는 말이 천 리를 간다"는 말이 있다. 뒷담화가 그렇다. "어지간하면 이런 말 안 하는데 너니까 얘기하는 거야. 너만 알고 있어." 과연 '너'만 알고 있을까. 누군가에게 또 전한다. 그런 말일수록 전파 속도가 빠르다. 발 없는 말이 천 리를 가 당사자의 귀에 들어간다. '절대 본인에게 얘기하지 말라'면서 한 험담은, 험담을 들은 사람이 그 당사자에게 "아무래도 너는 알고 있어야 할 것 같아. 누가 너에 대해 이렇게 말하더라" 하며 전한다. 왜 전할까. 실은 자신이 하고 싶었던 얘기였기 때문이다. 이런 이유로 험담은 반드시 전해지게 돼 있다. 그러니까 뒷담화를 하려거든, 헐뜯는 대상에게 이 말이 십중팔구 들어갈 것이라고 각오해야 한다. 들어가길 원하지 않거든 말하지 말아야 한다.

배려하는 사람은 말로써 사람들을 즐겁게 해주려고 한다. 조크와 재치로 사람들을 웃긴다. 덕담에 인색하지도 않다. 축하하고 칭찬하는 것으로 사람들을 기쁘게 한다. 풍부한 대화 소재와 다양한 이야기로 시간 가는 줄 모르게도 한다.

사람은 모두 다르다. 나도 누군가에게는 다른 사람이다. 그 다른 사람들이 함께 살아가려면 서로 배려해야 한다. 배려가 대화의 기본이다. 배려는 선택이 아니라 필수다.

어른 세대와의
소통법

~~~~~~~~~~~~~~

노후가 남의 일이 아니다. 나도 어
느새 환갑이다. 몇 살부터가 노인인지는 모르겠지만 내가 어
렸을 적만 해도 나이 예순을 넘기면 충분히 노인이었다. 이제
1960년대 전후에 태어난 베이비붐 세대가 노인층에 본격적으
로 편입되기 시작했다. 이미 우리나라는 10대 장수국 가운데
한 나라다.

노인 세대가 되면 크게 네 가지 어려움에 직면한다고 한다.
질병, 빈곤, 외로움, 역할 상실이 그것이다. 질병과 빈곤은 의
학 발전과 복지 확대를 통해 어느 정도 극복이 가능하다. 역할
상실도 노인 일자리 창출로 대처할 수 있다.

문제는 외로움이다. 핵가족화가 빠르게 이루어지고 젊은 세
대와의 대화가 단절되면서 노인층의 소외와 고독은 갈수록
깊어질 수밖에 없다. 수명이 연장되면서 노인으로 지내야 하

는 삶의 기간이 급속히 길어지고 있다. 더욱이 부부가 한날한 시에 생을 마감할 순 없기에 언젠가는 필히 혼자 사는 쓸쓸함을 경험해야 한다. 사람과의 연결이 끊어졌다는 고립감이야말로 견디기 힘든 고통이다.

노인층이 느끼는 외로움과 소외감은 우선 통제력을 잃어버렸다는 데서 온다. 주도권을 다음 세대에게 넘겨줄 수밖에 없는 상황에 처하게 되면서다. 특히 우리 부모 세대는 무에서 유를 창조한 분들이다. 식민과 전쟁의 폐허 위에서 태어나 절대 빈곤을 극복했다. 우리 아버님만 해도 집을 직접 짓고 닭도 손수 잡았다. 의식주를 스스로 해결한 세대다. 우리 세대는 언감생심 가능하지 않은 일이다.

이런 박탈감과 함께 또 하나 노인 세대에게 상실감을 안겨주는 게 있다. 인생 역정에 대한 과소평가다. 열심히 살아온 날들의 의미를 찾기 어려워진 것이다. 부모 세대는 가난 극복과 경제 발전이라는 소명을 다했지만 그 과정에서 그림자도 많이 남겼다. 독재를 용인했고 부패와 차별에 눈감았다. 관과 재벌 주도 성장의 선봉에서, 열사의 사막과 생사를 오가는 전쟁터에서, 피와 땀과 눈물을 바쳐 일했지만, 그리하여 다음 세대들이 성장의 과실을 누리게 했지만, 그것을 누리고 있는 세대들이 성장 과정을 문제 삼으며 공헌뿐만 아니라 과오까지 들추고 있는 것이다. 역사의 수레바퀴는 돌이킬 수 없다. 민주화와 지식정보화 시대를 연 우리 세대와 4차 산업혁명 시대를 준비하고 있는 자식 세대 앞에서 우리의 부모 세대는 설 땅을 잃어가고 있다.

가급적 2주에 한 번씩은 부모님 댁을 방문한다. 내가 하는 일은 두 가지다. 질문하고 경청하는 것, 이게 전부다. 아들은 질문받는 걸 싫어하지만, 아버님은 그렇지 않다. 말하고 싶다. 물어주길 바란다. 그래서 질문한다. 경륜을 여쭤본다. 아버님은 알지만 우리는 모르는 게 참 많다. 나는 나의 어린 시절에 관해 묻고, 6·25전쟁 때 아버님은 무얼 하셨는지 묻고, 우리 할아버지는 어떤 분이었는지 질문한다. '라떼는 말이야' 하면서 말할 기회를 드려야 한다. 그리고 성심성의껏 들어드리자. 자식 키우면서 말도 안 되는 자녀의 소리에는 그렇게 귀 기울이지 않았던가. 우리 부모들도 우리를 그렇게 키웠다. 이제 우리가 귀를 기울일 차례다.

어른 세대의 말을 잘 받아주는 여러 방법이 있다. 가장 흔하게 쓰는 방법이 감탄사다. "아!", "와~" 이렇게 상대 말에 감탄하는 것이다. 영혼 없이, 상투적으로 맞장구치고 있다는 느낌만 주지 않으면, 대화의 윤활유 역할을 톡톡히 할 수 있다.

중요한 말은 복창하는 방법도 있다. 상대 말을 그대로 받아서 읊조리는 것이다. "아드님이요?", "그렇게 높은 자리에?" 이렇게 말이다.

다음 말을 궁금해할 수도 있다. "그래서 어떻게 됐는데요?" 이런 식으로 이어서 빨리 듣고 싶다고 호응해주는 것이다.

동의를 표하는 방법도 있다. 상대 의견에 동감하고 동조하는 것이다. "지금까진 그렇게 생각하지 않았는데 어르신 말을 듣고 보니 그 말이 옳은 것 같다"고 말하면 더 효과가 있겠다.

요점 정리를 해줄 수도 있다. "그러니까 이렇다는 말씀이죠?", "하시고자 하는 말씀의 요지는 이것이지요?" 전체적인 맥락에서 짚어주면 더 좋을 것이다. 요점 정리를 해주는 것은 잘 듣고 있다는 것을 보여주는 동시에 혹여 있을지도 모를 오해를 미연에 방지하는 일석이조 효과가 있다.

끝말 이어가기식으로 자기 말을 보태는 방법도 있다. 그 말에 대해 나는 이렇게 생각한다면서 말이다. 여기서 주의할 것은 상대의 말을 중간에 자르지 않는 것이다. 끼어들 타이밍을 잘 잡아야 한다. 상대가 충분히 말을 다 했다 싶을 때 곧바로 받아서 하는 게 좋겠다. 말의 타이밍을 재는 일. 잔꾀가 아니라, 배려하고 살피면서 터득하는 말의 기술이다.

상대 얘기를 듣고 나와의 공통점을 찾아서 '우리'로 묶기도 한다. "얘길 들어보니 어르신 생각이 제 생각과 많이 닮았다"는 식으로 말이다. 찾아보면 공통부분은 반드시 있기 마련이다.

끝으로, 정서적으로 반응하는 것이다. 상대의 감정 상태를 마음으로 듣는다고 할까? 공감해주는 것이다. 특히 억울하거나 슬픈 사연, 화나는 얘기에 적극적으로 반응해준다. "어떻게 그럴 수가 있냐? 얼마나 화가 나셨어요 그래? 제가 다 이렇게 열 받는데."

'티키타카'란 말이 있다. 스페인어로 탁구공이 왔다 갔다 하는 모습을 표현한 단어다. 대화가 바로 그렇게 주거니 받거니 하는 게임이다. 탁구처럼 랠리를 이어가고 리듬을 타려면 상대 말을 잘 받아줘야 한다. 이 부분이 잘 되지 않으면 대화는 엉망이 되고, 이것을 잘하지 못하면 결코 말을 잘한다고 할 수 없다.

중학교 때부터 아들이 대들기 시작했다.

"왜 게임을 못 하게 해? 게임이 공부에 도움이 될 수도 있는 거 아냐?"

말문이 막혔다. 급기야 하지 말아야 할 말을 하고야 말았다.

"왜 그렇게 말이 많아. 그냥 시키는 대로 해. 아빠가 네게 해로운 일하라고 하겠어?"

말하고 나서도 이건 아닌데 싶었다. 하지만 어쩔 수 없었다. 이미 엎질러진 물이었다. 화가 난 것처럼 얼굴이 발개졌다. 아들의 말대꾸가 분해서였을까? 대답할 말을 찾지 못한 자신이 부끄러워서 그랬을까? 아니다. 내가 이제 퇴물이 되어가고 있다고 느꼈기 때문이다.

누구나 나이를 먹는다. 언젠가 노인이 된다. 이 사실을 잊지 않는 것이 어르신들과 소통하는 첫걸음이 될 것이다. 요즘 자꾸 말이 헛나온다. 머릿속에서 생각하는 말과 입으로 나오는 말이 다르다. 노인이 되어간다.

젊은 세대와의 소통법

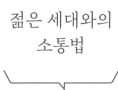

　　　　하나 있는 아들과 부자지간 소통이
어렵다. 하물며 세대 간의 사회적 소통이 쉽겠는가.

　젊은 세대와 소통을 하려면 상대방을 알아야 한다. 상대가
좋아하는 것을 알아야 한다. 아들은 가벼움을 좋아한다. 정색
하고 심각하게 말하는 것, 권위적으로 말하는 걸 싫어한다. 이
른바 '병맛'을 좋아한다. 특별한 의미나 목적이 없어도 괜찮
다. "그것이 이런 의미가 있고 먼 훗날 네게 이런 도움이 될 거
다"라고 말하면 "지금 그것이 나에게 무슨 도움이 되는데요?"
라고 묻는다. 고진감래(苦盡甘來)의 먼 미래보다는 당장의 행
복이 더 중요하다. 같은 맥락에서 의미와 가치를 꺼내 들면,
꼰대로 간주하고 멀리한다.

　재미를 추구한다. 익살, 풍자와 같은 말의 유희를 즐긴다. 놀
이에 가치를 둔다. 무조건 재미있어야 한다. 패러디도 좋아한

다. 흉내 내는 것을 즐긴다. 재현과 모방에 능숙하다. '개인기'가 있어야 한다. 영상을 즐기는 것도 그것이 재밌기 때문이다. 사진과 그림도 매일반이다. 텍스트만 있는 글은 싫어한다. 책이 아니라 영상으로 세상을 본다.

간결한 걸 좋아한다. 어렵고 복잡한 걸 싫어한다. 시간을 견디지 못한다. 단도직입적으로 말해야 한다. 에두르거나 장황하면 질색한다. 그래서 다이제스트를 좋아한다. 정리된 지식과 정보를 선호한다. 세 가지 혹은 다섯 가지로 요약하여 정리해줘야 한다. 정곡을 찌르는 한마디, 멋있는 한 구절을 찾는다. 관념적이기보다는 직관적이다. 언어도 축약한다. 말은 짧고 반응은 빨라야 한다. 자기들만의 은어로 동류의식을 확인한다. '고터', '생파'가 무슨 뜻인지 모르면 소통이 어렵다. 영화, 드라마도 인상적이고 재미있는 한 토막, '짤'이 인기다. 젊은이들에겐 간결함이 최고의 미덕이다.

유행을 좋아한다. 핫해야 한다. 대중의 입에 오르내리는 트렌드를 좇는다. 특히 새롭게 나타나는 라이프스타일을 눈여겨본다. 유행어도 물론이다. 인기 검색어를 궁금해하고 그것을 좇는다. 랭킹을 좋아한다. 선택하고 선별해서 등급이나 등수를 매겨주면 귀담아듣는다. 가치 있는 것보다는 멋있는 것에 높은 점수를 준다. 하지만 질문은 좋아하지 않는다. 우리 세대는 질문받는 걸 주목받는 것으로 생각했다. 대답을 잘하기 위해 노력했다. 젊은 세대는 그렇지 않다. 질문을 참견이나 간섭으로 여긴다.

무엇보다 솔직함을 좋아한다. 단순하게 생각하고 상식적으로 판단한 후, 꾸밈과 거짓 없이 말하는 것을 좋아한다. 은유를 동원하거나 비비 꼬는 것도 싫어한다. 숙성시키지 않은 날것이 좋다. '솔까말'이라고 들어보았는가? 젊은이들이 자주 쓰는 줄임말인데, '솔직히 까놓고 말해서'의 준말이다.

솔직하게 말하면 좋은 점이 많다. 우선 머리를 굴릴 필요가 없다. 있는 그대로 말하면 되니, 골치가 덜 아프다. 솔직하게 말하면 말과 행동이 일치해 일관성을 띠게 되고, 듣는 사람 또한 진솔하다고 느낀다. 무엇보다 나중에 사실이 아닌 것으로 밝혀지거나 진심이 들통나는 부담이 없다. 반대로 솔직하지 않으면 계속 말이 꼬인다. 거짓이 거짓을 낳는다. 뭔가를 숨기거나 꾸미면 그것을 감추기 위해 또다시 뭔가를 은폐하고 위장해야 한다.

물론 솔직하게 말해선 안 되는 상황도 많다. 만약 직장 상사에 대한 느낌이나 생각을 솔직하게 말하면 어떻게 될까. 그건 상사도 마찬가지다. 부하 직원에 대한 속마음을 있는 그대로 밝히면 어떻게 될까. 아마 그렇게 말하는 순간 관계는 끊어지고 말 것이다. 주먹이 오가지 않으면 다행이다.

나는 직장 생활 내내 두 마디를 하고 싶었다. 하기 싫은 건 "하기 싫다", 못하겠는 것은 "못하겠다"고 말하고 싶었다. 하지만 그러지 못했다. 상사가 일을 시키면 하기 싫을 때도 있고, 역량이 부족해 할 수 없는 일도 있었지만, 솔직하게 말하지 못했다. 솔직하게 말하면 상사와의 관계가 이상해지는 건 물론, 직장 생활을 지속하지도 못했을 것이다. 하기 싫어도 그렇지 않은 것처럼, 자신 없는 일도 할 수 있는 것처럼 말했다.

나만 그런 것은 아닐 것이다. 우리 세대는 대부분 그렇게 살았다. 솔직하게 말하지 않는 배경에는 상대에 대한 고려도 있었다. 나만 편해지자고 솔직하게 말하면 상대가 불편할 수 있으니까. 젊은 세대는 다르다. 솔직하게 말한다. 그것이 때로는 이기적으로, 혹은 당돌하게 보일 수 있는데, 본질은 솔직함이다.

지금 이 시대는 전혀 다른 세 세대가 공존하고 있다. 아버지 세대와 우리 세대, 그리고 아들 세대 간의 세대 감수성이 다르다. 서로의 차이를 알고, 다름을 인정해줘야 한다. 그래야 다른 세대끼리 공존할 수 있다.

부모 세대는 직장 다니는 걸 감사하게 생각했다. 우리 세대는 다니기 싫지만 참으며 다녔다. 아들 세대는 싫으면 다니지 않는다. 부모 세대는 지시받고 명령받는 것을 당연하게 생각

했다. 우리 세대는 불편하지만 그것에 따랐다. 아들 세대는 지
시나 명령이 통하지 않는다. 이른바 밀레니얼 세대는 권리의
식이 강하다. 실리적이고 공정성을 요구한다. 일과 삶의 균형
과 '소확행'을 추구하는 것도 같은 맥락이다.

　아들 세대는 훈계와 위로, 동정을 구하지 않는다. 단지 이해
를 바랄 뿐이다. 이들을 가르치거나 바꾸려고 해서는 답이 없
다. 어차피 이들이 이끌어갈 세상이다. 이들에게 변하라고 요
구해서 될 일이 아니다. 이들을 이해하기 위해 노력해야 한다.
그랬을 때 진정한 소통은 시작될 것이다.

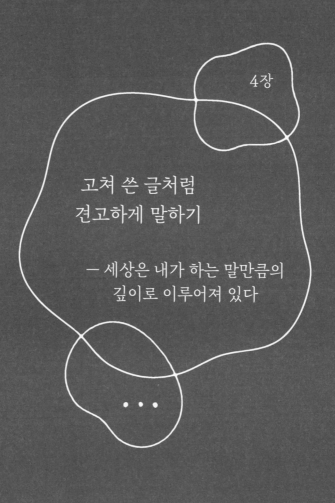

4장

고쳐 쓴 글처럼
견고하게 말하기

─ 세상은 내가 하는 말만큼의
깊이로 이루어져 있다

· · ·

분별하는
말하기

말 잘하는 방법은 어찌 보면 간단하다. 해야 하는 말은 하고, 해선 안 되는 말은 안 하면 된다.

방법은 간단한데 막상 그렇게 하려면 쉽지 않다. 먼저, 해야 할 말과 하지 말아야 할 말을 구분하기가 어렵다. 대부분의 말은 이 양쪽에 걸쳐 있다. 해야 할 말인지 아닌지 애매하다. 칼로 무 자르듯 구분이 잘 되지 않는다. 하지만 관계를, 사람을 지키고 싶다면 내 안의 언어를 향해 무딘 칼이라도 들어야 한다.

하지 말아야 할 말을 참는 것도 어렵다. 해야 하는 말은 이성과 논리를 따르지만, 해선 안 되는 말은 감정과 기분에 영향을 받는다. 해야 하는 말은 생각을 많이 하고 말하지만, 안 해도 되는 말은 생각 없이 내뱉는다. 그리고 뒤늦게 후회한다.

해야 할 말을 제때 하는 것도 말처럼 쉽지 않다. 특히 나 같은 새가슴은 더 그렇다. 해야 할 말이라고 생각하지만, 그 결과로 남의 입방아에 오르고 집중포화를 받으면 견디기 힘들기 때문이다.

최선은 해야 하는 말은 하고, 해선 안 되는 말은 안 하는 것이다. 차선은 해야 할 말은 못 하더라도, 해선 안 되는 말이라도 안 하는 것이다. 최악은 해야 하는 말은 못 하고, 해선 안 되는 말만 지껄이는 것이다.

여기에 하고 싶은 말과 하고 싶지 않은 말을 추가하면 더 복잡해진다. 우선 하고 싶지는 않은데, 해야 할 말이 있다. 누군가 해야 하는 말이지만 자신은 하고 싶지 않은 말. 이른바 입바른 소리라고 하는 말이다. 옳은 말이긴 한데, 그 말을 했을 때 관계가 틀어지고 핍박을 받을 수도 있는 말이다. 그러니까 손해를 감수하며 말해야 하고, 용기가 필요한 말이기도 하다. 나는 잘 하지 않는 말이다. 해야 할 말을 자기 이익 때문에 안 하는 건 비겁한 것이다. 하지만 해선 안 되는 말을 자기 이익을 위해 하는 건 비열한 것이다. 비겁할지언정 비열하진 말자. 그게 나의 목표다.

하고 싶지만 해서는 안 되는 말도 있다. 내게 이익이 되고 나를 돋보이게 하는 말이긴 한데, 다른 사람에게 상처를 주는 말이다. 말을 하면 직성이 풀리고 후련하다. 문제는 남들이 듣기 싫어한다는 것이다.

자신이 하고 싶고, 해야 하는 말도 있다. 이런 말은 하면 된다. 다만, 두 가지를 염두에 둘 필요가 있다. 우선 아무리 하고 싶고 해야 하는 말이라 할지라도 앞뒤 가려서 말해야 한다. 해야 할 말이라도 방식을 고민해야 하는 것이다. 말하기 전에 한번 더 생각해보고 주의를 기울여야 한다. 이런 말일수록 성급해지기 십상이기에 그렇다. 돌다리도 두드려보고 건너야 한다. 또한 남이 듣기 좋게, 기분 나쁘지 않게 말해야 한다. 아무리 옳은 말도 누구에게나 좋게 들리는 건 아니다. 오히려 그런 사람에게도 잘 전달이 되어야 말하는 의미가 있다.

해야 하는 말인데, 마음속에만 담아두면 '고구마'란 소릴 듣고, 해야 하는 말을 속 시원히 하면 '사이다'란 소릴 듣는다.

다음으로, 하고 싶지도 않고 해서도 안 되는 말이 있다. 그런 말은 안 해야 한다. 누가 강요하거나 유혹해도 하지 말아야 한다.

말해야 할 때와 침묵해야 할 때를 분별하고, 말해야 할 때도 그 말이 꼭 필요한 말인지, 말할 가치가 있는지 먼저 생각해보고 입을 열면 늘 환영받고 오래도록 기억에 남는 사람이 된다.

말은 담백하게,
그러나 담대하게

~~~~~~~

　　말은 담백하게 하는 게 좋다. 담백
하다는 의미는 무엇일까? 느끼하지 않다는 뜻 아닐까. 느끼
하면 쉽게 질린다. 기름진 음식처럼. 그럼, 느끼하지 않으려면
어떻게 말해야 할까.

　　멋을 부리지 않아야 한다. 구체적으로 얘기하면 수사법과 수
식어를 과하게 쓰지 않아야 한다. 아는 체를 많이 해도 느끼하
다. 박학다식은 현란하다. 너무 잘생긴 얼굴처럼. 내가 각별히
조심하는 부분이기도 하다.

　　말이 담백한 사람은 간결하다. 옳은 건 옳다, 그른 건 그르다
고 말한다. 군더더기가 없고 복잡하지 않다. 말의 미니멀리즘
을 지향한다. 말이 담백한 사람은 또한 투명하다. 그래서 담백
앞에는 '솔직'이라는 수식어가 붙는다. '솔직 담백' 이렇게. 이
런 사람은 말과 속내가 다르지 않고 거짓이 없다. 단점과 실패

도 담담하게 말한다. 말이 생수처럼 맑고 순수하다.

담백하게 말한다는 건 잘하려고 애쓰지 않는 것이기도 하다. 말 잘한다는 소릴 듣기 위해 안달복달하지 않는다는 것이다. 욕심부리지 않고 평소 말하듯이 말한다는 뜻이다. 남들이 어떻게 평가할지 너무 신경 쓰지 않고 나답게 말하는 것이다. 그래야 자연스럽고, 그랬을 때 담백하다고 한다.

어렵지 않고 평범한 소리를 해도 담백하다고 한다. 추상적이고 많은 생각을 필요로 하는 말이 아닌, 그저 누구나 하는 소리를 해도 담백하다고 한다. 이건 부담이 없다는 뜻이기도 하다. 이렇게 말하는 사람이 만만하고 싱거워 보일 수도 있다. 하지만 평범한 것이 비범한 것이라고 했다. 진짜 고수는 그렇게 말한다. 담백하게 말하는 방법이 하나 더 있다. 짧게 끊어서 말하는 것이다. 긴 문장보다는 짧은 문장으로 말한다. 무성 영화 변사같이 고무줄 늘이듯 말하지 않고, 뉴스 아나운서처럼 또박또박 말하는 것이다. 주변에 '쿨하다'고 느껴지는 사람이 있는가. 말이 담백한 것이다.

담백하면서도 담대하다는 평을 듣는 사람이 있다. 용기가 있는 사람이다. 지금이 군사독재 시절도 아닌데 말하는 데 무슨 용기가 있어야 하느냐고 반문할지 모르겠다. 하지만 말에는 담대함과 용기가 필요하다.

가장 먼저 필요한 것은 첫마디를 꺼내는 용기다. 여러 사람 앞에서 말해야 할 때는 더욱 그렇다. 떨림과 두려움을 이겨내고 운을 떼는 것이 말하기의 시작이다. 나를 드러내기 위해서는 자신 앞에서 딴청 부리면 안 된다. 나와 대면하는 용기가 있어야 한다. 나의 허세, 비겁함, 표리부동함을 직시하는 용기가 있어야 하는 것이다.

질문하는 용기도 필요하다. '너는 그것도 모르냐', '뭐 그렇게 허접한 질문을 하느냐', '바빠 죽겠는데 내가 그런 것까지 알려줘야 하느냐'는 반응을 감수하며 손을 드는 용기가 있어야 한다. 사과하는 용기도 필요하다. 스스로 잘못을 인정하고 용서를 구하는 일이 어디 말처럼 쉽던가. 분명 용기가 필요한 일이다.

말은 갈등을 감수하는 용기를 요구하기도 한다. 자기 생각을 말한다는 건 갈등을 자초하는 일이기도 하다. 모두가 내 말에 동의하지 않기 때문이다. 다른 생각을 가진 사람과 부딪치기 마련이다. 누군가는 반대하고, 누군가는 내 말에 앙심을 품을 수도 있다.

묻어가는 게 안전하다. 가만히 있으면 중간은 간다. 하지만 갈등은 풀리지 않는다. 속으로 더 곪아간다. 갈등을 감수하고 말함으로써 갈등을 풀어가야 한다.

다수 편에 서는 편안함을 마다하고 군이 소수를 대변하는 용기도 필요하다. 대세에 따르지 않는다며 '저 친구 고분고분하지 않고 왜 그렇게 삐딱해'라는 비난에도 불구하고, '혼자 튀려고 하느냐'는 의심에도 불구하고, 꿋꿋하게 힘없는 사람의 편에 서서 발언하면서 관계가 불편해지는 것을, 외톨이가 되는 걸 감수하는 용기가 필요하다.

두려움 속에서, 갈등 앞에서 용기 내어 말하자. 그렇게 앞으로 나아가자. 솔직 담백하면서도 용기 있는 사람. 매력 있지 않나.

조심, 조심,
또 말조심

"선을 행하는 사람은 봄 동산 풀과 같아서 그 자라는 것이 보이지 않지만 매일매일 덕이 자라고 있고, 악을 행하는 사람은 칼을 가는 숫돌과 같아서 닳아 없어지는 것이 보이지 않으나 날로 날로 덕이 깎이고 있다." 명심보감에 나오는 말이다. 말이 딱 그렇다. 보이지 않게 하루하루 자라고 깎이는 게 우리의 말이다.

우선, 실언부터 조심해야 한다. 실수로 나온 발언, 그러니까 장소와 때에 안 맞거나 너무 나간 발언 같은 것 말이다. 농담도 때로는 말실수가 된다. 딱히 할 말이 없어 가볍게 던진 말이 상대에게는 상처가 될 수 있다. 좋은 뜻으로 건넨 덕담도 자칫 실언이 될 수 있다. 그런 점에서 좋은 말도 다시 보고 또 봐야 한다.

나도 신나게 말이 잘되는 날이 있다. 그런 날은 특히 조심해야 한다. 오버하게 되어 있으니까.

"친구끼리 농담도 못 하냐?", "웃자고 한 얘기에 죽자고 달려드니?" 이렇게 말해야 하는 상황을 만들지 말아야 한다. 나는 농담했지만 상대가 농담으로 받아들이지 않으면 농담이 무례가 된다. 유명인이나 공인은 한마디 말실수로 모든 걸 잃을 수도 있다.

누군가를 임의로 평가하는 것도 삼가야 한다. 지적도, 비하와 차별도 다 평가에서 비롯된다. 외모와 학력, 성격 등 그 모든 면에서 지적하고 비교하고 비하하고 차별하는 말을 조심해야 한다.

말은 반드시 부메랑이 되어 돌아온다. 가는 말이 고와야 오는 말이 고운 법이다. 대화해보면 이 속담은 확실히 맞다. 그런데 가끔, 선하게 대했는데도 상대가 악하게 반응하는 경우가 있다. 무례하고 몰상식한 사람은 어디에나 있으니까. 그렇다고 거칠게 받아치면 상대도 더 버럭하게 마련이다. 트집은 트집을 낳고 공격은 반격을 불러온다. 말꼬리를 물고 늘어지게 돼 있다. 오른뺨을 때리면 왼뺨도 대주어야 한다는 말이 아니다. 성인군자도 아닌데 그럴 순 없는 노릇이다. 그러면 어떻게 해야 하느냐. 상대하지 않는 게 상책이다.

폭언과 막말도 문제다. 인격을 무시하는 악담, 저주, 욕설 같은 것들 말이다. 중고등학교 하교 시간에 버스 타는 일이 종종 있다. 하나같이 예쁘고 풋풋하다. 나도 저런 시절이 있었지, 추억에 잠기기도 한다. 그런데 이런 상념을 깨트리는 소리가 있다. 바로 욕설이다. 대다수 학생이 욕을 달고 산다. 욕을 욕이라고 생각하지 않는 듯하다. 욕으로 우정을 확인하는 것 같기도 하다.

아주 어렸을 땐 말도 짧게 한다. 존대하지 않는다. 엄마, 밥 줘, 싫어, 안 먹어. 이렇게 말한다. 내 아들도 그랬다. 그래서 가르치려고 하자, 아버님이 그러셨다. "크면 다 고치게 돼 있다. 그 시기엔 원래 그러니, 가만 놔둬라. 너무 제약하면 말하는 데 눈치를 보게 돼 더 안 좋다"라고 했다. 지금 생각해보면 맞는 말씀이다. 저절로 고쳐졌으니까.

학생들이 욕하는 것도 고치려 들지 않는다. 나이 들어가며 알게 될 터이니. 진짜 친하다는 것은 서로 예의를 지키고, 상대를 존중해주는 것이라는 사실 말이다. 그래서 언제 그랬냐는 듯 욕이 입에서 사라질 것이다. 우리 세대도 그랬다.

하지만 어른은 다르다. 모범을 보여야 한다. 언쟁이나 토론 과정에서 감정을 절제하지 못하고 내뱉는 거친 언사와 과격한 표현, 이른바 상소리라고도 하는 언어폭력은 마땅히 자제해야 한다. 나아가 나이나 신분의 높낮이에 상관없이 존댓말

쓰는 습관을 익힐 필요가 있다. 친근감의 표현으로 반말을 일삼다가는 누군가에게 봉변을 당할 수도 있다. 반말을 듣는 사람이 자신을 무시한다고 오해할 수 있기 때문이다. 존댓말을 쓰면 그럴 위험이 없을 뿐만 아니라 공손하다는 인상과 함께 관계도 더 단단하게 만든다.

차별 발언은 더 큰 문제다. 장애인처럼 힘없는 소수자나 특정 계층이나 계급, 지역, 집단을 비하하고 혐오하는 발언 말이다. 여성과 노인에 대한 부적절한 언사도 여기에 해당한다. 나아가 성희롱이나 지역감정을 부추기는 발언은 더 말할 필요가 없다.

가장 심각한 것은 망언이다. 역사 인식과 상식의 부재에서 나오는 역사 왜곡과 반인륜적 망발은 중대한 범죄 행위다. 갈수록 망언과 막말이 기승을 부린다. 왜 이런 일이 계속되는 것일까.

상대를 인정하지 않고, 다름을 받아들이지 않는 문화가 바탕에 있을 것이다. 대립과 적대의 정치 구조가 이를 더 부추기고 있다. 정책과 대안 경쟁이 아니라 상대를 자극하고 공격하는 것으로 정치적 이득을 얻으려 한다. 서로에 대한 앙심만 있고 대화와 타협은 없다. 조정과 절충은 되지 않고 대립과 증오만 커져간다. 정치가 국민에게 위로와 힘이 되기는커녕, 정신

건강을 해치고 있다.

그래서 많은 시민이 정치를 외면하고 좌우 양 끝에 있는 일부 세력이 목소리를 키운다. 그런 결과로 말은 하루하루 더 극단을 향해 치닫고 있다. 문제는 그런 발언에 대한 응징이 이뤄지지 않고, 잠깐 들끓다가 어느새 잊혀진다는 사실이다. 오히려 막말 캐릭터로 자신의 존재감을 드러내는 사람까지 있다. 그러다 보니 한번 시도한 막말이 버릇으로 굳어지고 그 사람의 캐릭터로 진화한다. 또 이런 사람이 매번 똑같은 문제를 되풀이한다.

말조심해야 할 이유는 분명하다. 글만 남는 게 아니라 말도 남기 때문이다. 소크라테스가 말했다. "글은 누가 볼지 몰라 위험하다. 그러나 말은 그렇지 않다. 들을 사람을 정해서 말할 수 있기 때문이다." 당시엔 그랬다. 하지만 지금은 어떤가. 몇십 년 전 발언까지 모두 소급해서 따지는 세상이다. 말한 내용이 영상으로 기록되고 심지어 통화 내역까지 남는다. 이런 추세는 앞으로 더 가속화할 것이다.

"낮말은 새가 듣고 밤말은 쥐가 듣는다"라고 했다. 세상에 비밀은 없다. 언젠가는 만천하에 드러난다. 비공개 역시 없다. 내가 하는 모든 말은 공개되고 기록된다고 생각해야 한다. 그리고 명심해야 한다. 비밀로 하고 싶은 말이 더 잘 공개되고,

남들이 잊어줬으면 하는 말일수록 더 선명하게 기억된다는 사실을.

말실수를 줄이는 방법을 나는 글쓰기에서 찾는다. 글쓰기처럼 말하는 것이다. 말하기의 즉흥성을 뒤로 하고, 글쓰기의 신중함을 앞세우면 말이 단정해진다.

나는 네 가지 경우에 말을 조심하려고 한다. 화가 났을 때와 술 마셨을 때, 그리고 임기응변의 유혹에 빠졌을 때와 내가 수다 떨고 있다고 생각할 때다. 지금도 더 얘기하고 싶지만, 수다 떨다가 실수할까 봐 이만 줄여야겠다.

가슴으로
말하자

젊은 세대는 만나서 대화하는 걸 반기지 않는다. 직접 만나는 건 물론, 전화 통화 대신 톡으로 대화하길 원한다. 아들은 한집에 있으면서도 말하지 않는다. 자기 방에서 톡으로 묻는다. "밥 언제 먹어요?"

코로나가 이런 성향을 더 고착화했다. 앞으로 만나는 일은 점점 더 줄어갈 것이다. 재택근무가 늘어갈 것이고 문서로 소통하는 일이 잦아질 것이다. 그런데 문자는 이성적이다. 감정이 묻어 있지 않다. 감정은 표정, 어투, 억양 같은 것을 통해 나타난다. 얼굴을 보지 않고, 소리를 담지 않는 문자는 감정을 전달하지 못한다. 이모티콘을 써서 감정을 표현하려고 하지만 한계가 있다. 감정을 빼고 말하면 말은 기계음이 된다. 칸트가 얘기하지 않았던가. 감성적 직관이 없는 개념은 공허하고, 이성적 개념이 없는 직관은 맹목적이라고.

이성과 감성이 합해져야 생각과 마음을 온전히 전할 수 있다. 의사소통은 이성과 감정이 함께 힘을 모아야 성공적으로 이뤄진다. 직접 만나서 대화할 때도 이성적인 말만 하면 정이 가지 않는다. 머리만이 아니라 가슴도 필요하다.

　자신부터 감정을 솔직히 드러내야 한다. 기쁘면 기쁜 대로, 기분이 좋지 않으면 좋지 않은 대로, 슬프면 슬픈 대로 자기감정에 충실할 필요가 있다. 그래야 오해를 줄이고 대화도 잘될 수 있다. 그렇다고 감정적으로 말하라는 게 아니다. 감정을 잘 전달하라는 것이다.

　이를 위해서는 감정 표현 어휘를 다양하게 쓰면 좋다. 예를 들어 화가 난다는 표현도 불쾌하다, 씁쓸하다, 마음에 들지 않는다에서부터 노엽다, 분하다, 성질난다, 울화가 치민다, 격분한다, 분노한다, 진노한다, 격노한다, 분개한다, 욱하다, 노발대발하다, 성내다, 울분을 토하다, 참을 수 없다에 이르기까지 다양하다. 자신의 감정 상태를 잘 표현할 수 있는 어휘를 골라 써야 한다.

　아울러 상대의 감정을 파악하려고 노력해야 한다. 파악할 뿐만 아니라 공감해줘야 한다. 그래야 상대도 감정을 숨기지 않고 말할 테니까. 자기감정을 드러내지 않으면 상대도 그것을 드러내지 않는다. 드러내지 않으니 헤아리기 어렵다. 감정

소통에 장애가 일어난다.

대화의 목적 중 하나는 감정 풀기이기도 하다. 실컷 수다 떨고 나면, 또 누군가에게 하소연하고 나면 후련하다. 나는 주로 아내에게 수다 떨고 하소연한다. 지난 일에 대해 후회하고, 현재의 고민을 말한다. 그리고 앞일을 걱정한다. 누군가를 미워하기도 하고. 그러고 나면 제풀에 감정이 정리된다. 아내가 나를 더 잘 이해하게 되는 건 덤이다.

누구나 자신의 기분을 말하는 것을 주저해선 안 된다. 우리는 자기감정을 표현할 때 조심해야 하고, 가급적 감정을 드러내지 않는 게 바람직하다고 배웠다. 그래서 고맙다, 미안하다, 사랑한다는 감정도 잘 표현하지 않는다.

직장에서의 일도 기분을 드러내지 못하면 감정노동이 된다. 온종일 감정노동을 한다. 부정적 감정에 휩싸여 일을 한다. 그런 노동의 결과로 스트레스를 받는다. 스트레스의 90퍼센트 이상이 관계에서 온다고 한다. 고객과의 관계, 상사와의 관계, 거래처와의 관계에서 비롯된다.

걱정이나 후회 같은 부정적 감정에 휩싸여 있으면 우리의 뇌는 생산적으로 작동하지 않는다. 자리에는 앉아 있지만 머릿속은 딴생각으로 가득하다. 풀고 싶은 감정이 있어도 '내가 이런 말을 하면 다른 사람들이 어떻게 생각할까', '손가락질하거나 기분 나빠하진 않을까' 하며 감정을 허락받으려고 한다. 허가받지 못한 감정은 억압의 대상이다. 말함으로써 이를 배출해야 하는데, 밖으로 나오지 못하고 갇혀 있다.

스트레스를 풀기 위해 저녁에는 술자리를 찾는다. 우리만큼 직장 동료나 친구끼리 술자리를 많이 하는 나라도 드물 것이다. 술자리에서 하는 말은 나쁜 감정을 해소하거나 정리해주지 않는다. 오히려 더 쌓이게 만든다. 누군가를 욕하면 술자리에 함께한 사람이 거들어줌으로써 미워하는 감정이 더 강해진다.

감정을 들어줌으로써 해소해주는 게 상사의 중요한 역할이다. 그런데 내가 직장 다닐 적만 해도 거꾸로였다. 아래 직원이 상사의 감정 배출구가 됐다. 상사는 마음껏 감정을 풀었다. 해도 되는 말과 해선 안 되는 말을 가리지 않았다. 나아가 아래 직원 가운데 상사의 감정을 잘 풀어주는 사람이 유능하다는 소리를 들었다.

다행히 젊은 세대는 솔직하게 감정을 드러내는 편이다. 감정을 드러내는 동사에는 두 종류가 있다. '자기중심 감정 동사'와 '타인중심 감정 동사'가 그것이다. 슬프다, 기쁘다, 재밌다, 지루하다, 괴롭다, 즐겁다는 자기중심 감정 동사다. 밉다, 싫다, 무섭다, 서운하다는 타인중심 감정 동사다.

젊은 세대는 둘 다 자유롭게 표현한다. 때로 자기중심 감정 동사를 표현해서 자기만 안다는 소리를 듣고, 타인중심 감정 동사로 관계가 나빠지기도 하지만 크게 개의치 않는다. 너무 지나치지만 않으면 바람직한 일이라고 생각한다.

말은 자기를 표현하고 관계를 형성하는 기능을 한다. 관계를 먼저 생각하는 우리의 말은 표현을 제약받는다. 두 사람 이상 모이는 자리에서는 늘 감정이 발생한다. 감정은 본능이다. 그런 본능을 생각으로 재단하면서 관계를 위해 희생한다.

감정이 배제된 채 사실과 생각만 말해야 하는 일터는 삭막하다. 일이 효율적으로 진행되지도 않는다. 억눌린 감정을 자신과 가장 가까이 있고 소중한 사람, 그러니까 배우자나 자녀에게 쏟아낸다. 스스로 불행을 자초한다.

한 사람 안에는 무의식의 자신(셀프)과 의식 속의 자아(에고)가 있다고 한다. 셀프는 원래의 나이고, 에고는 사람들이 요구하는 나이다. 나는 '기분 나쁘다'는 말을 못 하고 살았다. 내면의 나는 그렇게 말하고 싶었지만 사회적 자아가 그것을 막아섰다. 에고의 가면을 쓰고 감정을 강요당하며 살았다. 응당 그래야 한다는 규범에 맞춰 살았다. 이젠 그렇게 살고 싶지 않다. 내 감정을 당당히 내보이며 나답게 살고 싶다.

세월의 혀로
빚어낸 말들

주변에 '명언 제조기' 한 명쯤 있지 않나? 멋들어진 말을 끊임없이 던지는 사람 말이다. 말 한 마디 한 마디가 명언에 가깝다면 말을 잘하는 사람이 분명하다. 말 잘하는 사람은 머릿속에 좋은 문장을 많이 가지고 있다. 그 틀에 자기 생각을 넣어서 말하는 것이다. 그럼 좋은 문장을 어디에서 찾을 수 있는가. 명언에 그런 문장이 많다.

명언은 오랜 세월 많은 사람의 검증을 거쳐 살아남은 말이다. 내용도 좋지만 문장의 형식도 좋다. 내용은 깨달음과 감동을 주지만, 형식은 어떻게 말해야 사람의 마음을 움직이는지, 수사가 어떠해야 하는지 가르쳐준다. 바로 그 형식을 배우면 된다.

방법은 스무 개 정도의 명언을 외우는 것이다. 명언을 암기하는 과정에서 문장의 형식을 학습하게 된다. 그러면 따라 하고 싶고 써먹고 싶어진다. 그래서 명언의 문장 틀을 응용해서 말하게 된다. 이런 문장 틀을 다양하게 갖추고 있는 사람이 말을 잘한다.

명언의 용도는 또 있다. 자기 말에 인용할 수도 있다. '누가 이렇게 말했다더라'고 말이다. 그러면 자신의 말이 풍부해진다. 명언 주인공의 권위를 빌려 자기 말의 신뢰를 높일 뿐만 아니라 듣는 사람에게 통찰을 줄 수도 있다.

내 또래 사이에서는 하루 하나의 명언이 들어 있는 일기장이 인기였다. 어지간히 유명한 명언은 줄줄 외우고 다녔다. 그중에 나폴레옹의 "불가능은 없다"라는 명언도 있었다. 나폴레옹이 실제로 이 말을 했는지는 잘 모르겠다. 아무튼 명언이 유행했다.

그런데 지금 다시 '아포리즘'이란 이름으로 많은 사람이 명언을 찾는다. 개그맨 박명수 씨의 명언뿐 아니라 펭수 명언도 한때 유행했다. 아포리즘을 국어사전에서 찾아보니 "경험적 진리를 압축된 형식으로 나타낸 짧은 글"이라고 되어 있다. 격언, 금언, 경구, 속담도 여기에 포함된다. 불교의 법어, 기독교의 잠언도 같은 맥락이다. 아포리즘은 특징이 있다. 간결하고 단정적이다. 한마디로 단언한다. 그리고 은유적이다. 대조와 대구, 반복법을 사용한다.

그런데 왜 젊은 세대가 이런 아포리즘을 찾는 걸까. 간결함과 가성비를 추구하는 그들의 취향에 맞아서 그런 것 아닐까. 아니면, 어디에선가 위로받고 용기를 얻고 싶은데, 주변 어른들의 말은 왠지 꼰대스럽고, 그런 말에 편승하는 것 자체가 젊은이답지 못해서 그런 것은 아닐는지.

　그렇다면 나만의 명언을 만들어보는 건 어떨까. 어떤 사안에 대해 자신의 입장이나 의견, 주장을 한 문장으로 정리해보자. 잠들기 전에, 차 안에서, 산책하면서 자신에게 물어보자. "나는 이것에 관해 어떻게 생각하는가", "이것에 대한 내 의견은 무엇인가", '이것'은 내 마음대로 정하면 된다. 그것에 대한 내 생각을 한 문장으로 표현하면 바로 그게 나의 명언이고, 명언의 종착점은 좌우명이다. 이런 과정을 통해 내 안에 명언이 쌓이면 저절로 말 잘하는 사람이 된다. 이처럼 명언은 책 속에도 있지만 자신 안에서도 하루하루 자라나고 있다.

　명언만이 아니라 속담에도 말 같은 말을 하는 방법이 망라돼 있다. '말'처럼 관련 속담이 많은 말도 없다. 가장 많은 것은 말조심해야 한다는 것이다. "세 치 혀가 사람 잡는다", "칼의 상처는 아물어도 말의 상처는 아물지 않는다", "입은 화를 들이는 문이요, 혀는 몸을 베는 칼이다". 무섭고 비장하기까지 하다. 이 짧은 격언만 마음속에서 놓지 않아도 말로 낭패 볼 일은 없을 것이다.

말을 많이 하지 말아야 한다는 속담과 격언도 많다. "빈 수레가 요란하다", "화살은 쏘고 주워도 말은 하고 못 줍는다", "침묵이 금이다". 이런 조언에는 선뜻 동의하기 어렵다. 말을 많이 하는 건 권장해야 할 일이다. 할 말은 하되 쓸데없는 말을 줄이는 게 마땅하다. 필요한 말, 쓸모 있는 말은 많으면 많을수록 좋다. 그래야 소통이 된다.

말의 효용성을 강조한 속담도 많다. 가장 유명한 것이 "말한마디에 천 냥 빚도 갚는다", "말이 씨가 된다"이다. "이로운 말은 귀에 거슬린다"도 있다.

할 말은 해야 한다는 속담도 적지 않다. "말하지 않으면 귀신도 모른다", "죽어서도 무당 빌려 말하는데 살아서 말 못 할까", "고기는 씹어야 맛이고 말은 해야 맛이다".

말에는 비밀이 없다는 속담도 많다. "말이 말을 만든다", "들은 말 들은 데 버리고 본 말 본 데 버려라". 말은 반드시 공개된다는 것을 가정하고 말해야 한다는 뜻이다. 남이 알아서 안 되는 말은 아예 하지 말아야 한다.

"말은 아 다르고 어 다르다"와 같이 표현에 신경 써야 한다고 가르치는 속담도 많다. 같은 내용이라도 듣는 사람에 따라 다르게 들리는 법이니, 듣는 사람 입장에서 신중하게 표현해야 한다.

언행일치와 바른말을 강조하는 속담도 적잖다. "한 입으로 두말하면 안 된다", "입은 비뚤어져도 말은 바로 해라", "길이 아니거든 가지 말고 말이 아니거든 하지 마라", "남아일언 중천금"이란 말도 있다.

속담과 격언을 찾아보면서 가장 와닿는 게 있었다. "개 입에서 개 말 나온다."

삶 속에서 세월의 혀로 빚어낸 속담과 격언들. 이 속에서 삶의 지혜, 말의 지략을 배워보자.

진정성과 표현력의
상관관계

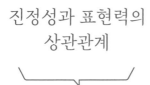

'진정성'이란 무엇일까? 국어사전에서 찾아보면 "진실하고 참된 성질"이라고 나온다. 이 말은 본래 그리스 철학에서 유래했는데, '있는 그대로의 자신'이라는 의미라고 한다. 성찰을 통해 내가 누구인지를 알고, 그것에 기초해서 다른 사람들과 가식 없는 관계를 형성하는 것이라고 한다.

무슨 말인지는 알 것 같은데 왠지 아리송하다. 진정성이 있다는 것은 거짓과 꾸밈이 없다는 뜻일까? 솔직해서 겉과 속이 같으면 될까, 아니면 인간적인 정과 따뜻한 마음을 가져야 할까? 알 것 같으면서도 손에 딱 잡히지 않는다.

그런데 희한하게도 누군가의 말을 들어보면 분명히 알 수 있다. 그 말이 진정성이 있는지 없는지. 귀신같이 알아차린다. 어린아이까지도 직감적으로 느낀다. 아무리 연출을 해도 소용없다. 그렇다면 진정성은 왜 중요할까. 사람을 감동시키고 사람의 마음을 움직이는 결정적 요소이기 때문이다. 이해되는 말에 필요한 것은 용이성이다. 말이 쉬우면 이해가 된다. 납득이 되는 말에 필요한 것은 개연성이다. 말이 그럴듯하면 납득이 된다. 설득이 되는 말에 필요한 것은 진실성이다. 말에 거짓이 없고 바르면 설득이 된다. 감동을 주는 말에 필요한 것이 바로 진정성이다. 진실하고 애틋한 마음이 담겨 있어야 감동한다.

사람들은 진정성과 표현력이라는 두 잣대로 누군가의 말을 평가한다. 진정성 있고 표현력이 좋으면 말을 잘한다고 한다. 그렇다면 표현력이 좋다는 의미는 뭘까. 사용하는 어휘 수가 많고, 구사하는 문장 유형이 다양하고, 수사법을 잘 활용하면 표현력이 좋다는 소리를 듣는다. 잘 꾸미는 능력인 것이다.

문제는 여기에 있다. 표현력은 진정성과 부딪힌다. 잘 꾸미는 것과 꾸밈이 없는 것이 충돌한다. 표현력이 좋은 것은 겉이 번지르르하고 매끈한 것이다. 진실 여부를 떠나서 말이다. 흔히 기교보다는 진정성이 중요하다고 하는데, 이때 기교에 해당하는 게 표현력이다. '악어의 눈물은 흘려봤자, 사람들이 그 눈물의 가짜 의미를 눈치챈다'고 할 때, 눈물은 표현이고 사람들이 눈치챈 것은 진정성인 것이다.

당신은 어떤가? 진정성은 있는데 표현력이 부족한 사람의 말과 표현력은 좋지만 진정성이 없는 사람의 말 가운데 어느 쪽을 더 신뢰하는가. 진정성 없이 표현력만 좋으면 표현력이 오히려 독이 되지 않던가? 그런 사람 말을 들으면 입만 살았다, 심하면 사기꾼 같다고까지 하지 않는가.

그에 반해 표현력은 부족하지만 진정성 있는 사람은 믿음이 가고 왠지 도와주고 싶은 마음이 들지 않던가. 말을 더듬고 버벅거릴수록 한층 더 연민이 느껴지고 부둥켜안아 주고 싶지 않던가. 그게 바로 진정성의 힘이다.

진정성은 많이 아는 것과는 관계없다. 유창한 말솜씨와도 무관하다. 그냥 그 사람에게서 뿜어져 나온다. 말에는 말하는 사람의 인품과 성격이 배어 있다. 배려심이 있는지, 공감 능력과 감수성은 어느 수준인지, 인간에 대한 관심과 애정은 얼마나 큰지 여실히 보여준다. 성격 역시 말투에 나타나고, 대화 상대를 대하는 태도에도 나타난다. 숨기려 한다고 숨겨지지 않는다. 포장하면 할수록 가식적 측면까지 더 선명하게 드러난다. 빛나지 않으면 어떤가. 있는 대로, 살아온 그대로 말하면 충분하지 않은가. 그것이 진정성 있는 말 아니겠는가. 결국 잘 살면 된다. 삶이 말이 되고, 말은 곧 그 사람이니까.

나를 어떻게
소개하지?

초등학교 시절이 생각난다. 사람들 앞에서 자기소개를 할 때면 특유의 억양으로 "저는 무슨 초등학교 몇 학년 몇 반 몇 번 누구입니다"라고 몇 반의 몇 번까지 얘기했다. 소속이 중요했던 것 같다. 이후 대학에 가고 사회에 나와서도 '어디에 다니는가'는 자기소개의 핵심이었다. 어디에 속해 있느냐, 즉 소속이 곧 자신의 정체성이 되는 시대였다. 심지어 지역과 부모를 먼저 언급하기도 했다. 내 고향은 어디이며, 무엇을 하시는 아버지 밑에서 자라서… 이런 식으로. "니 아버지 뭐 하시노"란 유행어도 있지 않았는가.

지금은 달라졌다. 어디를 나와, 어디에 다닌다는 내용보다는 내가 무엇을 좋아하고, 무엇에 관심이 있는지. 무엇을 잘하며, 무엇을 하며 살고 있는지 쪽으로 무게중심이 옮겨가고 있다.

이런 시대에 맞게 자신을 소개하는 방법은 무엇일까. 가장 먼저 해야 할 일은, 자신이 누구인지 스스로 아는 일인데, 누군가에게 나에 대해 말해보는 게 좋다. 친구가 가장 편한 상대 되겠다. 친구에게 말하다 보면 나에 대해 더 잘 알게 된다.

나에 대해 알았으면 그 내용을 목록으로 만들어본다. 목록은 세 부문으로 나눠서 정리할 수 있다. 역량, 성격, 스토리다. 내가 무엇을 잘하고 어떤 능력이 있는지가 나를 소개하는 한 축이 될 것이다. 나의 취향과 성격, 취미, 소신, 가치관 같은 내용이 또 하나의 측면이 될 수 있고, 내가 무엇을 하며 어떻게 살아왔고, 앞으로 무엇을 하며 살고 싶은지가 세 번째 포함해야 할 내용이다.

여기에는 장점뿐만 아니라 단점, 강점만이 아니라 취약점도 넣는 게 좋다. 단점과 약점을 고백하면 솔직하고 진정성이 있다는 평가와 함께, 편견과 선입견을 차단하는 효과도 거둘 수 있다.

자, 이제 목록을 가지고 이야기를 만들 차례다. 자기소개는 이야기로 해야 하니까. 예를 들면 이렇다. 어떤 상황과 배경에서, 무슨 과제를 부여받아, 그 일을 어떻게 해냈는데, 이런 실수를 저지르고 어떤 실패를 경험했다. 위기나 전환점은 무엇이었으며, 결과는 이랬다. 그 과정에서 나의 역량이 무엇인지, 내가 무엇을 좋아하는지 알게 됐고, 이런 교훈과 시사점을 얻었으며, 어떤 성장과 성숙을 이뤘다.

소개 문안을 쓰고 나면 잘 고쳐야 한다. 이때 필요한 게 퇴고 목록이다. 포털 사이트에 가면 이렇게 소개하지 말라는 내용이 많다. 그중에 이렇게 하지 말아야겠다는 것을 추려서 적어두었다가 여기에 맞춰 소개 문안을 수정하는 것이다. 내 경우는 다음과 같은 내용을 점검해본다. ▲ 인명, 지명, 연도의 오류는 없는가. ▲ 누구나 하는 상투적 표현은 없는가. ▲ 불필요하게 들어간 부분은 없는가. ▲ 내가 누구인지 선명하게 드러나는가 등. 문안을 수정하지 않더라도 이런 퇴고 목록을 갖고 있으면 소개할 때 그 내용이 떠오르고, 이를 감안해서 하게 된다. 하지 말아야 할 말만 아니라 해야 할 말 중심으로 기록해둘 수도 있겠다. 이런 내용이 촘촘하게 준비돼 있으면 당연히 자기소개를 잘할 수 있다.

한 가지 주의해야 할 점은 이야기의 내용이 소개하는 상황에 맞아야 한다는 것이다. 입사 면접에서, 소개팅 자리에서, 모임에서 등 각기 다른 상황에서 나를 소개하는 내용이 같을 순 없다. 이성과의 첫 만남에서 면접관이나 궁금해할 얘기를 한다면 안타깝지만 솔로를 벗어나기는 힘들 것이다.

비판이
들꽃처럼 만발한
사회를 위하여

회사 다닐 적 얘기다. 엄한 상사가 계셨다. 그분께서 이렇게 주문했다. "당신은 내 문제점만 지적해줘", "잘한다는 얘기는 할 필요 없어", "내 주변에 그런 사람은 차고 넘쳐", "당신은 여당이 아닌 야당 역할만 해줘". 나는 그역할에 충실했다. 기탄없이 지적했다. 그러던 어느 날, 그분께서 말씀하셨다. "자네만 만나면 왠지 기분이 나쁘네. 사기가 떨어져."

그때 알았다. 비판받는 걸 좋아하는 사람은 없다는 사실을 말이다. 그분이 자신을 비판해달라고 한 이유는 두 가지였다. 하나는 남의 지적을 받아들일 만큼 아량이 있고 민주적이라는 것을 스스로 확인하고 싶었고, 다른 하나는 자신이 잘하고 있다는 확신을 갖고 싶어서였다. 누구나 자신이 잘하고 있는지 불안할 터이니, 잘하고 있다는 걸 확인받고 싶었던 것이다.

경고등 울리는 책임을 맡고 있는 보초가 지적하지 않고 조용히 있으면 잘하고 있는 것이니까.

나는 그 뒤로 남이 싫어하는 소리를 가급적 하지 않는다. 나뿐 아니라 누구나 쓴소리하는 걸 꺼린다. 관계가 나빠질 수 있고, 자칫 위험에 빠질 수 있기 때문이다. "저 친구는 왜 그렇게 까칠해?"라는 소리를 들을 수 있다.

비판을 꺼리는 또 다른 이유는 무사안일 심리다. '누군가 하겠지, 굳이 내가 나설 필요 있나, 굿이나 보고 떡이나 먹자, 나서봤자 내 일만 늘어날 수 있다'는 생각에서 말이다.

문제의식이 없어도 비판하지 못한다. 그런 사람은 문제를 봐도 문제를 문제로 여기지 않거나 못 본 척 외면한다. 문제가 보이지 않으니 비판할 대상도 없는 것이다. 노무현 전 대통령은 공직사회가 문제의식이 없는 것을 늘 탄식했다.

이런저런 이유로 비판해야 할 때 침묵한다. '나는 쪼잔하지 않아. 너그러운 사람이야'라고 자기 최면을 걸면서 말이다. 비판하려면 일에 대한 열정과 이 눈치 저 눈치 안 보는 기개와 패기도 필요하다. 그뿐만 아니라 비판 기술도 있어야 한다.

아내와 가끔 말싸움을 한다. 말싸움은 대부분 나의 음주가 발단이 되어 일어난다. 싸움이라고 하지만 아내의 일방적 공격에 가깝다. 공격 내용은 주로 비판이다. 아내의 공격을 받으며 나는 우리 사회의 비판적 사고 수준에 관해 개탄하지 않을 수 없다.

우선 비판에는 목적이 있어야 한다. 아무런 목적 없이 하는 비판은 푸념이나 화풀이에 불과하다. 비판을 통해 얻고자 하는 바는 무엇인가. 무엇을 이루고자 비판하는가. 술을 끊게 만드는 게 목적인가, 아니면 술은 마시더라도 집에는 일찍 들어오게 만드는 게 목적인가. 술을 끊게 만드는 게 목적이라면 왜 술을 끊게 하려고 하는가. 다시 말해 비판하는 이유가 무엇인가. 술을 끊게 하려는 목적이 나의 건강 때문인가, 술 먹고 늦게 들어와 자신의 잠을 방해하지 않도록 하기 위함인가, 아들에게 모범이 되지 않기 때문인가. "이유 없어. 그냥 끊어." 이건 아니지 않은가.

비판은 또한 합리적 근거를 갖고 해야 한다. 근거는 내가 그렇게 판단하고 주장하는 배경이나 이유, 증거 같은 것이다. 그런 객관적 기준이나 근거 없이 주관적 생각이나 느낌으로 비판해선 안 된다. 그런 비판은 저주나 야유, 음해, 모략으로 취급당할 수 있다. 근거가 있어야 납득과 공감을 얻을 수 있다. 근거가 빈약하면 논리가 박약하다는 소릴 듣게 된다. 술을 많이 마시는 게 문제라면 일주일에 술자리를 몇 번 정도 하는지, 술 마신 후 귀가 시간은 몇 시 정도인지, 술 마시고 기억이 끊겨 문제를 일으킨 적은 있는지, 한 달에 술 마시는 데 쓰는 돈은 얼마나 되는지. 구체적인 수치와 사례를 가지고 비판해야 하지 않겠는가. 하루가 멀다 하고 술타령이라든가, 술독에 빠져 산다고 무턱대고 몰아붙이면 받아들이기 어려울 수밖에 없다.

근거에는 세 종류가 있다. 첫 번째는 사실 근거다. 사례, 지표, 통계, 연구 조사 결과, 역사적 사실 같은 것이다. 두 번째는 소견 근거다. 전문가 의견이나 일반인의 증언, 여론, 혹은 유명인의 명언도 여기에 해당한다. 세 번째는 누구나 인정하고 동의하는 상식, 진리 같은 것인데, 어려운 말로 '선험 근거'라고 한다. 근거는 최근의 것일수록, 누구나 아는 내용이 아닐수록, 권위가 있을수록 좋다.

비판하는 대상을 분명히 하고 그것에 한정할 필요도 있다. 술 마시는 걸 문제 삼아 얘기를 시작해놓고 왜 내가 결혼기념일을 잊고 넘어간 일을 들추느냐는 말이다. 무슨 '줄줄이 사탕'도 아니고. 물론 비판받는 내 처지에서는 비판이 주제를 벗어나 논점이 흐려지면 다행이란 생각이 들긴 하지만 말이다.

또한 비판은 반론과 반박이 가능해야 한다. 반론이나 반박을 할 수 없는 비판은 생산적이지 못하다. 아내는 술 마시는 걸 즐기지 않는다. 아니 극도로 싫어한다. 이건 취향의 문제이다. 취향은 반론이나 반박의 대상이 아니다. 내가 술 마시는 걸 싫어하니 당신도 술을 끊으란 얘기는 일방적 주장이자 강요일 뿐 비판이 아니다. 비판은 반박과 반론을 통해 토론으로 나아갈 수 있어야 한다.

비판과 비난을 혼동해서도 곤란하다. 비판은 헐뜯고 나무라는 것이 아니다. 그건 비난이다. 사실과 감정, 생각과 느낌을 분리해야 한다. 비판은 사실과 생각을 중심으로 해야 한다. 감정과 느낌이 개입하면 비난으로 흐를 가능성이 높아지기 때문이다.

확증편향에 빠지는 것도 주의해야 한다. 아내는 술을 마시면 일찍 죽는다는 확신을 갖고 말한다. 대체로 맞는 말이지만 반드시 그런 것은 아니다. 내 주위에는 송해 선생님같이 매일 술을 마시고도 장수하신 분이 많다. 방송에 나가진 않았지만 〈대화의 희열〉이란 프로그램에서 고인이 되신 송해 선생님에게 술 예찬론을 장시간 들은 바 있다.

좋은 비판이 되려면 대안이 있어야 한다. 좋은 비판이란 목적을 달성하는 비판이다. 목적을 달성하기 위해서는 대안 제시가 필요하다. 술을 끊는 대신 무엇을 할 수 있는지, 무엇으로 술의 빈자리를 채울 수 있는지 알려줘야 한다. 대안 없는 비판은 '그래서 어쩌라는 거야'라는 볼멘소리만 유발한다. 내

로남불식 비판도 하지 말아야 한다. '자기도 술 마시면서 언다 대고 지적질이야'라는 반발만 살 뿐이다. 그런 경우는 자신에 대한 비판, 즉 자아비판부터 해봐야 하지 않을까.

무엇보다 중요한 것은, 비판을 하더라도 상대를 인정해주는 바탕 위에서 해야 한다는 점이다. '틀렸다'가 아니라 '나와 다르다'로 접근해야 하는 것이다. 세종대왕은 어떤 경우에도 틀렸다고 배척하는 법이 없었다고 한다. "경의 말이 참으로 아름답소"라고 일단 받아들인 후, 이런 점은 이런 이유로 문제가 있다고 지적했다고 한다. 일종의 예스-벗(yes-but) 화법을 쓴 것이다.

지금 우리 사회는 제대로 된 비판이 필요하다. 배제와 타도와 공격을 위한 비판, 반대를 위한 반대가 아니라 생산적이고 창조적인 비판 문화가 뿌리내려야 한다. 이유는 명확하다. 융합의 시대이기 때문이다. 서로 다른 게 섞여 새로운 것을 만들어내는, 아니 만들어내야 하는 시대다. 다른 게 섞이기 위해서는 상호 비판이 불가피하다.

지금이 위기의 시대이기 때문이기도 하다. 위기가 상존하는 시대다. 위기 요인도 복합적이다. 서로 견제하고 비판할 때 위기 징후를 잡아내고 위기에 대비할 수 있다. 좋은 게 좋은 것이라며 서로 입 닫고 있으면 별안간 닥치는 위기의 피해자가 될 수밖에 없는 것이다.

비판이 필요한 또 하나의 이유는 이 시대가 갈등의 시대이 기 때문이다. 앞으로 사회는 이해관계가 더 복잡하게 얽힐 것 이고, 갈등은 더 증폭될 수밖에 없다. 갈등을 푸는 길도 건강 하고 생산적인 비판에 있다. 고름은 살이 되지 않는다. 날카로 운 비판의 칼끝으로 도려내야 한다.

어떻게 해야 건전한 비판 문화가 뿌리내릴 수 있을까.

사실부터 확인하는 문화가 정착돼야 한다. 요즘 유행하는 말로 '팩트 체크'가 제대로 되어야 한다. 사실 확인은 어려운 일이 아니다. 원문을 찾아보거나, 반대편 의견을 들어보는 식 으로, 조금만 신경 쓰면 가능한 일이다. 이런 사실 확인을 바 탕으로, 내 의견을 가져야 한다. 누군가 짜놓은 프레임에 갇히 거나 부화뇌동하는 걸 경계해야 한다. 개개인이 주체적으로 각자 자신의 생각을 중심으로 세상을 바라봐야 한다. 자신만 의 관점이 없는 사람은 세상에 영합한다. 동조하고 묻어간다. 남의 말에 의지해 살아가게 된다. 급기야 유언비어나 가짜 뉴 스의 제물이 될 수도 있다. 그런 사람일수록 관계를 중시하고, 내 의견을 남의 것과 일치시키고 남과 보조를 맞추려고 한다. '누가 그렇게 말했다'는 게 내 생각이 돼선 곤란하다.

주체적 사고에만 그쳐서도 안 된다. 깨어 있어야 한다. 매사에 문제의식과 비판 정신을 갖고 권위에 맹종하지 않아야 한다. 묻어가지 말고 까칠해야 한다. 볼통볼통하게, 그러나 깍듯하게 발언해야 한다.

작은 목소리에도 귀를 기울이고, 누구에게나 발언권이 주어지는 사회가 공정한 사회이다. 소수의 정치인과 기업인의 말에 시민이 끌려가는 게 아니라, 건전하고 상식적인 시민의 목소리가 사회를 이끌어가야 한다. 인간의 존엄과 가치, 인간다운 삶의 실현을 위해 적극적으로 발언하는 시민, 사회적 공론을 주도해가는 시민이 많아져야 한다. 이를 위해 사회 구성원 한 사람 한 사람이 성숙한 민주 시민 의식을 함양해야 한다.

상대 주장을 평가하는 것이 비판의 핵심인데, 이때 주의해야 할 게 몇 가지 있다. 좋아하고 싫어하고, 즉 호불호를 갖고 비판하면 안 된다. 옳고 그름, 다시 말해 시시비비를 말해야 한다. 고칠 수 없는 것을 비판해선 안 된다. 그것은 책잡는 것밖엔 안 된다. 자기에게도 똑같은 잣대를 적용하는지도 봐야 한다. 시점도 중요하다. 이미 지나고 나서 하는 비판은 뒷북이 된다. 예의를 지키는 건 기본이다. 통렬하고 신랄한 건 좋은데 그러면 그럴수록 깍듯해야 한다.

김대중 전 대통령은 비판에 관해 이렇게 말했다.

"비판을 잘하려면 충분한 준비가 필요하다. 전체와 부분을 함께, 과거와 미래까지 연결해 비판해야 한다. 그러나 인격을 공격하는 것은 금물이다. 상대의 장점과 입장을 존중해야 한다. 그리고 비판은 끝까지, 꾸준히 해야 한다. 민주주의의 시작과 완성은 비판으로 이루어진다."

내 별명이
'진국'인 사연

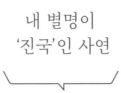

어렸을 적 부모님께 들은 얘기 중 아직도 기억나는 말 있는가? 나는 가장 자주 들은 말이 "정직해야 한다. 거짓말하지 마라"였다. 어렸을 적엔 '정직'과 '착하다'는 거의 같은 뜻으로 느껴질 만큼 정직이 강조됐다. 그런데 크면서 본의 아니게, 혹은 불가피하게 거짓말을 많이 하게 되었다.

『거짓말 찾아내기』라는 책을 써서 거짓말 전문가라고 불리는 미국의 파멜라 메이어(Pamela Meyer)는 "인간은 하루에 적게는 10번, 많게는 200번 정도 거짓말을 하고, 누군가와 첫 대면을 하는 최초 10분 동안 평균 3번의 거짓말을 한다"라고 주장한다. 그러니까 밥 먹듯이 거짓말을 한다는 것이다. 실제로 음식이 마음에 들지 않아도 "맛있게 잘 먹었다"라고 한다. "나이보다 젊어 보인다", "인상이 참 좋다"는 등의 거짓말을 입에 달고 산다. 누군가 버스에서 내 발을 밟았을 때도 "괜찮다" 하고 말이다. 이런 '배려형 거짓말'은 아무리 많이 해도 문제 될 게 없다.

'겸손형 거짓말'도 매일반이다. "제가 한 일이 뭐 있나요? 모두 여러분이 잘해주신 덕분입니다." 스스로를 낮추기 위해 하는 거짓말을 나쁘다 나무랄 사람은 없다. '습관적인 거짓말'도 있다. 장사하는 분이 "남는 것 하나 없다"고 하거나, 어르신들이 "아휴, 내가 빨리 이승을 떠나야지" 하는 것처럼. 이 또한 문제 될 게 없다. 왜냐하면 상대가 거짓말인 줄 알고 있으니까.

'과시형 거짓말'도 있다. "나는 돈 욕심은 하나도 없는 사람입니다" 등과 같이. 이처럼 허세 부리고 허풍 떠는 거짓말의 경우 "언행이 일치하지 않는다", "한 입으로 두말한다"라는 소리는 들을지언정, 남에게 폐를 끼치지 않으므로 문제 될 게 없다.

문제는 자신의 이익을 위해서 의도를 가지고 하는 거짓말이다. 사기이고 범죄 행위이다. 이런 거짓말은 또 다른 거짓말을 낳고 자기증식 과정을 거치면서 더 깊은 수렁으로 빠져들게 되고, 급기야 처벌 대상이 되곤 한다. 일명 새빨간 거짓말이다.

영국의 앤밀트 박사에 따르면 사람은 이런 거짓말을 할 때 네 가지 특징을 보인다. 첫째, 과장되게 웃거나 표정이 부자연스럽다. 둘째, 시선을 회피하거나 눈을 자주 깜빡거린다. 셋째, 손을 가만두지 못하고 꼼지락거린다. 넷째, 머리를 긁적이고 다리를 꼬는 등 안절부절못한다. 상대가 거짓말을 하는지 감별할 수 있는 좋은 팁이다.

그런데 여기서 하나 짚고 넘어갈 게 있다. 자기가 얻는 이익이 없는 거짓말은 괜찮지 않느냐 하는 것이다. 그렇지 않다. 자신에게 이익이 있건 없건 간에 남에게 피해를 입히는 거짓말을 해서는 안 된다. 가짜뉴스가 바로 그런 거짓말이다. 가짜뉴스를 퍼트리는 사람은 단순히 재미로, 나쁜 결과가 초래될지 몰랐다고 항변할지 모르지만, 그것으로 자신이 한 행위를 용서받을 순 없다. 아무 생각 없이 유포한 가짜뉴스의 부작용은 일파만파다. 괴담이 되어 악성 바이러스처럼 사회 혼란과 피해를 유발하고, 누군가에게는 비수가 되어 평생 아물지 않는 상처를 남기기도 한다. 사회적 소통이 홍수를 이루는 이 시대에 가장 경계해야 할 거짓말이 아닐까 싶다.

거짓말의 유혹과 함정에 빠지지 않는 방법이 있다. 바로 침묵이다. 묵비권이란 게 있지 않은가. 피고인에게 주어진 권리 말이다. 아내에게 간혹 묵비권을 행사한다. 거짓말하느니 차라리 침묵하는 게 더 낫다고 생각하기 때문이다. 아내도 나의 묵비권을 존중해준다. 거짓을 말해야 할 때 침묵해보라. 변명하고 싶을 때도. "말하지 않아도 알아요." 이런 광고 문안이 있었다. "말을 안 해서 후회하는 일보다도 말을 해버렸기 때문에 후회하는 일이 더 많다"라는 말도 있다.

침묵해야 할 때가 있다. 오바마 전 미국 대통령이 애리조나 총기 난사 희생자 추모식에서 연설했다. 연설 도중 갑자기 말을 멈췄다. 떨리는 눈을 깜빡이고 어금니를 깨물면서 51초간 침묵했다. 그 시간은 재임 중 가장 감동적인 장면으로 기록되었고, 백 마디 말보다 더 설득력 있는, 그야말로 침묵이 금이라는 말을 실감하게 하는 순간이 됐다.

이처럼 침묵이 더 나은 경우는 많다. 내 친구는 아들에게 "~하지 마라" 말하지 않는다고 한다. 그러느니 침묵하는 게 낫다고 힘주어 말한다. 그 친구의 침묵 안에는 이런 뜻이 있다고 한다. '나는 너를 믿어. 네가 알아서 해. 지켜볼게' 말없이 말하는 것이다. 눈빛으로 마음으로 말하는 것이다.

이에 반해 사사건건 불쑥불쑥 개입하는 사람도 있다. "그거 아니거든? 이렇게 해", "그거 해봤어? 왜 안 해" 그 대상이 자식이건 배우자건 말이다. 그래야 그 사람을 돕고 좋은 길로 이끈다고 생각한다. 그런 것이 친절한 것이고, 그렇게 하는 것이 그 사람을 위하는 길이라고 믿는다. 참견이고 간섭인데 말이다. 하지 말라고 하면 그것만 안 하게 된다. 하라고 하면 하라는 것까지만 한다. 그 이상의 노력은 기대하기 어렵다. 듣는 사람이 기분 좋을 리도 없다. 그렇다면 침묵하는 게 더 낫다. 하지만 침묵이 쉬운 게 아니다. 믿음이 있어야 한다. 인내심도 필요하다. 김대중 전 대통령이 시계에 '침묵'이라고 쓰고 다닌 것도 그것이 얼마나 어려운 일인지 보여주는 사례다.

이 밖에도 침묵이 주는 혜택은 많다. 우선, 말하지 않으면 언행 불일치가 일어날 일이 없다. 우리 모두는 말한 대로 행하기 어렵다. 말로 한 약속을 지키기도 어렵다. 또한 말하지 않으면 남의 비밀을 폭로할 일도, 말로써 남에게 상처 줄 일도, 말로 인해 관계가 나빠질 일도 없다. 남 얘기를 하지 않으니 남과 사이가 나빠질 이유가 없는 것이다.

그뿐만 아니라 말을 줄이면 말의 농도가 올라간다. 누구나 말할 수 있는 내용은 한정돼 있다. 말을 많이 하면 여기에 물을 많이 타는 격이다. 물을 잔뜩 탄 곰탕처럼 진하지 않다.

나는 직장 생활 내내 침묵의 덕을 톡톡히 봤다. 나는 말을 잘 못해서 안 하는데 사람들은 '입이 무겁다', '진중하다', '과묵하다', '묵묵히 제 할 바를 잘한다'며 칭찬했다. 그래서 한때 내 별명이 '진국'이었다. 불순물을 걷어내고 오래 우려낸 곰탕같이, 싱거운 듯해도 깊고 영양가 있는 그런 사람 말이다.

소통하는 고통,
소통하는 행복

아내가 30여 년의 직장 생활을 마감하고 퇴직했다. 퇴직을 전후해 직장 동료 이 사람 저 사람이 '그동안 수고하셨다', '떠나신다니 서운하다'고 전화해왔다. 이런 전화 한 통에 30년 넘게 얽히고 맺힌 서운함, 미움 같은 감정이 눈 녹듯 사라지더라는 것이다.

소통! 소통! 모두가 소통을 외친다. 소통이 문제라고 한다. 소통이 중요해졌다.

내가 어렸을 적만 해도 소통이 필요 없었다. 집이건 직장이건 윗사람은 말하고 아랫사람은 따르면 됐다. 부서와 부서 간, 부문과 부문 간, 사용자와 근로자 간, 대기업과 중소기업 간, 생산자와 소비자 간, 협력업체와도 위계질서가 분명했다. 소통은 없고 상하 관계, 갑을 관계만 있었다. 생각해보면 요즘 얘기하는 사이코패스, 소시오패스도 많았던 것 같다. 하지만 그 역시 성격이 좀 이상하다는 취급만 받았을 뿐 치료가 필요하다고 생각하지 않았다. 갑질이 다반사였고 성희롱 발언도 난무했다.

세상이 변했다. 이제는 소통해야 한다. 소통하지 않으면 돌아가지 않는다. 일이 지체되고 끊기고 가로막힌다. 그런데 소통이 쉽지 않다. 사람은 모두 같지 않으니까. 같지 않은 사람끼리 같음을 향해 나아가는 과정이 소통이니까. 소통은 일방의 양보를 필요로 하니까 그렇다.

명절에는 멀고 가까운 일가친척이 한자리에 모인다. 소통하기 위해 모인다. 서로에게 감사와 존경을 표시하고 위로와 용기를 주는 것이 모임의 취지일 것이다. 하지만 결과가 취지대로 되는 것은 아니다. 차라리 만나지 않는 게 좋았다는 생각이 들 정도로 소통의 문제가 생기기도 한다. 소통을 잘해보자고 만난 자리에서조차 이럴진대 하물며 일상적인 자리는 오죽하겠는가.

피 한 방울 섞이지 않은 사람끼리 모여 소통하는 회사나 조직에서는 소통이 얼마나 어렵겠는가 말이다.

소통이 고통이 되지 않으려면, 소통을 통해 행복해지고자 한다면 필요한 게 있다. 무엇보다 측은지심(惻隱之心)이 필요하다. 유교에서 말하는 인(仁)의 마음이 있어야 한다. 사실은 모두가 가지고 있다. 그것을 발휘하면 된다. 남을 불쌍히 여기는 마음, 타인의 불행을 남의 일 같지 않게 느끼는 마음 말이다. 이런 마음이 소통의 마음이다.

이런 바탕 위에서 역지사지(易地思之)하려고 노력해야 한다. 누구나 내가 먼저다. 내 이익, 내 사정, 내 심정이 우선이다. 여기서 벗어나는 길은 역지사지밖에 없다. 그 사람의 입장이 되어보지 않고 함부로 말해선 안 된다.

여기에 더해 공동체 의식까지 있으면 소통은 완성된다. 가족을 배려하고, 조직을 생각하고, 사회 전체를 고려하는 의식이 있어야 한다. 공동의 이익을 염두에 두면 다툼과 불협화음을 해결할 수 있는 길이 열린다. 그랬을 때 개개인도 행복할 수 있다.

소통 역량과 기술도 갖춰야 한다. 그러기 위해서는 첫째, 말을 잘해야겠다고 마음먹어야 한다. 나는 말 잘하는 사람의 말을 찾아 들었다. 그 사람들의 말을 듣다 보면 '나도 저렇게 말을 잘하고 싶다'는 마음이 들었다. 모든 것은 마음먹기 나름이다. 마음만 먹으면 누구나 잘할 수 있는 게 말하기인데, 많은 사람이 마음을 먹지 않는다.

소통을 잘하기 위해 두 번째 필요한 것, 할 말이 있어야 한다. 이것이 가장 중요하다. 할 말이 있어야 말을 잘할 수 있다.

할 말은 어떻게 만들 것인가. 그것은 바로 메모다. 말을 해야할 때 말할 거리를 찾으면 이미 늦다. 말은 즉흥적이니까. 말은 미리 준비한 사람이 잘할 수밖에 없다. 그 준비가 바로 메모다. 나는 메모란 걸 모르고 살았다. 주로 받아쓰기를 했다. 남이 시킨 일을 잘하기 위해서는 받아쓰기를 잘해야 한다. 하지만 이건 메모가 아니다. 내가 생각하는 메모는 내 말을 위해 적어두는 것이다. 무슨 생각이 났을 때, 뭔가를 읽거나 듣다가, 이거 나중에 써먹어야지 생각하며 써두는 것이 메모다. 어디에 써먹을까? 내 말 아니면 글이다. 우선 말에 써먹어야 한다.

메모는 내 말의 씨앗이다. 메모하는 건 장차 내 말이 될 씨앗을 뿌리는 일이다. 나는 생각이 날 때마다 네이버 메모장에 메모한다. 시도 때도 없이 한다. 어떤 때는 메모하기 위해 책을 읽고 동영상 강의를 듣는다. 그리고 메모한 것을 그날, 늦어도 그 주 안에 써먹는다.

말해보고 말이 되면 또다시 메모한다. 블로그나 SNS에 짧은 글로 메모한다. 글로 치면 문단이나 단락에 해당할 것이다. 이렇게 짤막짤막 단편적으로 정리된 생각을 조합해 강의한다. 나의 메모가 모여 말이 된다. 나는 메모하면서 말을 연습한다. 메모한 게 있는 한 말하기가 두렵지 않다. 어떤 주제에 관해 천 개 정도를 메모하면 그것에 관해 못 할 말이 없다고 생각한다. 아니 그것에 관해 말하고 싶어 못 견딜 지경이 될 것이다.

메모하면서 공부가 재밌어졌다. 생각해보니 이유가 있다. 공부할 때 메모거리가 가장 잘 떠오른다. 책을 읽거나 강의를 들을 때 메모거리가 샘솟는다. 산책할 때, 잠들기 직전, 그리고 카페나 지하철에서 멍때릴 때도 떠오르지만 가장 많은 메모거리를 주는 건 공부다. 메모에 관한 한 공부는 그야말로 수지맞는 장사다. 그러니 어찌 공부가 재밌지 않을 수 있겠는가. 공부할수록 메모가 늘어나고, 메모가 메모를 불러와 이자가 붙고, 메모가 불어나는 만큼 말도 불어나고, 새끼도 친다. 이렇게 공부와 메모와 말하기가 선순환한다. 오늘도 나는 메모로 내 말의 씨를 뿌린다.

셋째, 표현 능력이다. 할 말이 있으면 뭐 하나? 그것을 표현할 수 있어야지. 표현력을 기르기 위해 나는 여러 시도를 한다. TV나 라디오에서 인터뷰나 좌담, 토론 등을 하면 나도 그 일원이 돼서 답해본다. 나라면 뭐라고 말할지 생각해보며 TV를 보고 라디오를 듣는 것이다. 또한, 칼럼을 읽고 내 생각이나 소감을 혼잣말해 본다. 칼럼을 쓴 사람이 내게 '이 칼럼 어때?'라고 물어봤다고 생각하고 답해보는 것이다.

이 밖에도 유튜버의 표현법을 흉내 내보기도 하고, 영화를 보거나 식당에서 밥을 먹고 나면 스스로 짤막한 평가를 해보기도 한다.

넷째, 교감 역량이다. 소통은 일방적인 표현만으로 가능하지 않다. 상대와 교감해야 한다. 듣는 사람과 공감대를 형성하는 역량이 필요하다. 이런 교감 능력은 대화, 발표, 연설 등 실전을 통해 키울 수 있다. 이런저런 사람과 만나 얘기를 나누고, 먼저 손을 들어 발표를 자청하고, 기회 있을 때마다 빼지 않고 일어나서 말하는 등 경험해봐야 한다.

소통이 어려운 이유는 이런 것들을 고루 갖춰야해서다. 그런데 많은 경우 이런 노력을 기울이지 않는다. 살다 보면 저절로 되는 것이 소통이라고 생각한다. 또는 내가 아닌 남들이 그렇게 해주기를 기대한다. 그 결과는 불통일 수밖에 없다.

혐오시대
갈등 해소법

코로나 시대 집에서 비대면으로 강의하는 일이 많아졌다. 그만큼 가족과 함께 있는 시간도 많아졌다. 아내와 아들, 그리고 나까지 셋 다 집에 있다 보니 가족 사이에 이런저런 갈등이 생긴다. 갈등은 서로 엮일수록, 관계가 가까울수록 깊어지기 마련이다.

나와 아내가 직장 다닐 때는 적(敵)이 가족의 밖, 그러니까 직장과 사회에 있었다. 직장에서 쌓인 스트레스를 가족들에게 얘기하며 풀었다. 가족 간에 갈등할 일도, 시간도 없었다. 오히려 밖의 갈등을 풀면서 관계가 돈독했다.

내가 직장 초년병이었던 시절만 해도 갈등이 극심하지 않았다. 이유는 많다. 우선 자리에 비해 사람이 모자라던 시절이었다. 기업은 성장 일변도였다. 그만큼 경쟁도 치열하지 않았다. 누구나 종신 고용이 보장됐다. 나가려는 사람을 붙잡긴 했어도 나가라고 하는 법은 없었다.

서열주의 문화도 갈등하지 않았던 이유였다. 위만 보고 달렸다. 윗사람이 시키는 대로 복종했다. 머리를 굴리지 않았다고 해야 하나? 내적 갈등을 하지 않았다. 그래야 되는 줄 알았다.

기본적인 삶의 조건이 갖춰지면서 남과 비교하기 시작했다. 중요한 갈등 요인이 생겼다. 배고픈 것보다 배 아픈 게 더 힘들다. 누가 연봉을 얼마나 받는가, 그것은 과연 정당하고 공정한가. 왜 당신이 나보다 더 큰 권력과 영향력을 행사하는가, 내가 그것을 용인해야 하는가. 사람들은 갈등하기 시작했다.

이젠 그야말로 갈등의 전성시대다. 지역 간, 세대 간, 계층 간 갈등은 물론 같은 목표를 가지고 나아가야 할 집단 안에서도 각종 이해득실로 갈등한다. 아니 이유 없이 혐오하는 시대다.

갈등은 피할 수도 없거니와, 피하기만 해서 될 일도 아니다. 화목과 단합을 핑계로 유야무야 넘어가면 문제가 수면 위로 올라오지 못한다. 덮어놓는다고 없어지는 것도 아니다. 물에 불순물이 있으면 일단 휘저어서 눈에 띄게 해야 한다. 그래야 건어낼 수 있다. 갈등을 수면 위로 띄워 올리려면 토로해야 한다.

갈등을 회피하면 변화와 혁신이 어렵다. 변화를 만들어내려면 그것을 수용하는 쪽과 그렇지 않은 쪽과의 갈등이 불가피하다. 그런데 갈등을 외면하면 변화와 발전을 위한 계기 자체가 만들어지지 않는다. 귀찮고 골치 아프더라도 갈등을 대화 테이블 위에 올려놓고 소통으로 풀어야 한다.

가장 기본적으로 해야 할 일은 정보를 투명하게 공개하는 것이다. 정보가 막혀 있거나 정보를 가진 사람끼리만 쑥덕거리면 갈등이 눈덩이처럼 불어난다. 헐뜯기와 뒷담화가 성행하고, 헛소문과 유언비어가 기승을 부리며, 흑백논리와 편 가르기가 활개 친다. 그럴수록 갈등은 더욱 증폭된다.

정보가 투명하게 공개되는 바탕 위에서 유연하고 개방적인 분위기를 만들어야 한다. 그러니까 누구나 자기 의견을 개진하고 자유롭게 비판할 수 있어야 한다. 이런 갑론을박 과정을 거쳐 갈등의 원인을 찾아 근본적으로 해결해야 한다. 좋은 게 좋은 것이라는 식의 봉합은 병을 키우고 더 큰 문제를 일으킨다. 다만, 서로 의견을 펼치는 대화와 타협의 과정이 감정과 자존심 싸움이 되지 않도록, '모 아니면 도' 식의 치킨게임이 되지 않도록 주의해야 한다.

갈등을 풀기 위한 가장 바람직한 방법은 정서적으로 공감하고 서로 배려하는 문화를 구축하는 것이다. 이런 문화에서는 구성원들이 가치를 공유한다. '우리가 추구하는 방향이 무엇이고, 이런 문제가 생겼을 때는 이렇게 행동하자'는 것을 암묵적으로 합의한다. 이런 문화에서는 구성원이 서로에게 관심이 많을 뿐 아니라 서로를 잘 파악하고 있다. 이를 바탕으로 각자의 입장 차이를 이해하고 다른 사람의 어려움에도 깊이 공감한다. 당연히 갈등이 생겼을 땐 양보와 합의를 통해 효율적으로 대처할 수 있게 된다.

개인적으로는 자신을 솔직하게 보여주는 게 중요하다. 나를 있는 그대로 내보이면 상대가 나를 알 수 있다. 알게 되면 이해하고 공감할 가능성이 높아진다. 예측 확률도 커진다. 상대를 알 수 없을 때 불신이 깊어지고, 이런 불신이 갈등을 잉태한다.

자신을 진솔하게 보여준다는 전제 위에서 허심탄회하게 대화해야 한다. 허심탄회한 대화는 솔직하게 말하는 데에 그치지 않는다. 자신의 이해관계를 잠시 내려놓고 상대 얘기를 들으며 상황을 객관적으로 보기 위해 노력하는 것이다.

갈등 해결을 위해서는 균형적인 시각이 필요하다. 세상 말에는 양극단이 있다. 찬성이 있으면 반대가 있고, 낙관이 있으면 비관이 있다. 같은 사안을 두고도 긍정과 부정이 엇갈린다. 어떤 사람은 위기라고 평가하고 또 다른 사람은 기회라고 생각한다.

말이 극단에 서면 위험하다. 그것은 퇴로가 없다. 극단은 또한 다른 극단을 모두 적으로 만든다. 갈등이 극에 이르고 편견과 차별을 넘어 혐오를 불러일으킨다.

균형을 잡는다는 건 극단에 치우치지 않는다는 것이기도 하지만, 공정하다는 뜻도 내포한다. 균형 잡힌 말을 하는 사람은 불편부당하다. 제삼자의 입장에서 보려고 노력한다. 시각이 객관적이다. 개인적 욕심과 편견이 끼어들면 이미 균형을 잃은 것이다.

막스 베버는 『직업으로서의 정치』라는 책에서 정치인에게 열정, 책임감, 균형감이 필요하다고 했다. 균형감 없는 열정과 책임감은 맹목적 확신과 독선적 주장을 불러온다. 균형감을 가진 사람은 열린 자세를 견지한다. 어느 한쪽이 모두 옳고 다른 한쪽이 모두 그른 경우는 없다고 생각한다. 7 대 3, 6 대 4가 있을 뿐 10 대 0은 없다고 전제한다. 그렇다고 5 대 5의 중립을 주장하지도 않는다. 치우침은 있을 수밖에 없지만, 미리 결론을 내놓고 그것만을 고집하지 않는다. 상대 진영의 목소리에 귀 닫지 않고 모든 가능성을 열어둔다. 경직되지 않고 유연하다. 그런 열린 자세가 말의 중용을 낳는다.

세상은 선택을 강요한다. 우리는 보수와 진보, 이상과 현실, 명분과 실리 사이에서 갈등하고 방황한다. 그럴수록 균형 잡힌 말이 필요하고, 그 값어치는 올라갈 수밖에 없다. 이 시대에 가장 필요한 지도자의 역량은 무엇인가. 나는 갈등을 조정하고 해결할 수 있는 능력이라고 생각한다. 당신은 갈등을 조정하는 사람인가, 조장하는 사람인가.

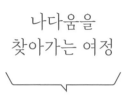

나다움을
찾아가는 여정

말하기를 경쟁하며 살았다. 위를 쳐다보고 윗사람에게 잘 보이기 경쟁을 했다. 남과 비교하며 남보다 말을 잘하려고, 남을 이기려고 했다. 회의에서, 발표하면서, 심지어 대화 자리에서도. 하지만 대학 시절에도, 직장 생활 25년 동안에도 줄곧 말을 잘하지 못했다. 말 못하는 자신을 향해 야유를 퍼부으며 살았다.

말의 경쟁에서 이기려면 갖춰야 할 게 몇 가지 있다. 그 하나가 정의하는 능력이다. 현상이건 사건이건 사람이건 정의를 내려 규정하고 프레임을 만드는 실력이 있어야 한다. "나는 그 사건의 본질이 이것이라고 본다", "그 현상을 한마디로 표현하면 이렇게 말할 수 있다", "그 사람은 이런 사람이다" 이런 규정으로 말을 선점하거나 말의 우위를 차지하는 것이다.

열거, 분류, 비교 역량도 필요하다. 남보다 더 많은 가짓수를 떠올리고, 떠올린 것을 비슷한 것끼리 묶어, 묶인 덩어리의 공통점과 차이점, 장단점을 비교할 수 있어야 한다.

원인과 영향을 파악하는 실력도 있어야 한다. 모든 일에는 원인과 이유가 있고, 그것들은 결과에 영향을 미친다. 원인과 이유를 잘 찾아내면 분석을 잘한다고 하고, 영향과 파장을 잘 얘기하면 전망과 예측에 능하다는 소리를 듣는다.

또한 근거를 많이 갖고 있으면 논증하는 말을 잘하고, 경험이 많으면 이야기를 재미나게 잘하며, 관찰력이 좋으면 생생하게 묘사하는 말을 잘한다. 이런 능력이 있는 사람은 똑똑하다는 소리를 듣고 경쟁 대열에서 선두에 서게 된다.

2012년부터 경쟁 대열을 벗어났다. 남을 이기기 위해 말할 필요가 사라졌다. 대신 남과 다르게 말해야 했다. 강의 시장에 쉰 살 넘어 뛰어든 입장에서, 같은 말을 놓고 같은 방식으로 말해선 승산이 없었다. 그때부터 남과 다르게 말하려고 노력했다. 다행히 세상은 획일화된 줄 세우기가 아니라 각각의 개성을 인정해주는 방향으로 변화하고 있었다.

무엇이 달라야 하는가. 콘텐츠와 스타일이 달라야 한다. 남과 말하는 내용을 달리하고, 전하는 방식을 차별화해야 한다. 다른 내용을 다르게 말하면 경쟁하지 않아도 된다. 남과 다를 수만 있다면 무주공산에서 승자독식을 누릴 수 있다. 물론 처음부터 다름의 혜택을 누릴 순 없다. 일관되게 다름을 추구해서, 그 다름이 존재감 있게 받아들여져야 한다. 다시 말해 사람들 눈에 띄어야 하는 것이다.

남과 다르게 말하는 게 최종 목표는 아니다. 남과 차이를 만드는 것 역시 남과의 비교를 전제로 한다. 여전히 남을 보면서 남의 시선에 얽매여 사는 것이다. 나의 목표는 나답게 사는 것이다. 나다움을 찾아 내 길을 가는 것이다. 그런 경지야말로 그 어떤 두려움도 욕심도 없는, 천상천하 유아독존(天上天下 唯我獨尊)을 이루는 길이 아닐까 싶다.

에필로그 ◦ ◦ ◦ ◦ ◦

일곱 번째 책이다. 글쓰기 책이 다
섯 권, 말하기 책이 두 권이다. 이 책이 두 번째 말하기 책이다.
첫 번째는 2021년 6월에 나온 『강원국의 어른답게 말합니다』
이다. 『강원국의 어른답게 말합니다』는 진중문고에 선정되고
대만에서 번역 출산되는 등 분에 넘치는 내접을 받았다. 이 책
을 계기로 글쓰기와 말하기 강의 비중이 비슷해졌다. 2021년
9월부터 시작한 KBS 라디오 〈강원국의 지금 이 사람〉 진행에
도 긍정적인 영향을 미쳤다. 전작의 성공은 후속작의 부담일
수밖에 없다. 속편은 반드시 실패한다는 속설이 있다. 속편이

나오는 건 1편이 흥행에 성공했기 때문이고, 그런 연유로 1편에서 검증된 것을 재사용하기 때문에 위험은 적지만 성공 가능성 또한 낮은 게 사실이다. 이 책은 이런 부담을 안고 썼고, 부담은 책임감이 됐다. 1편보다 나은 2편을 쓰겠다는 각오로 썼다. 나의 일곱 번째 책으로 꼽기에 부끄럽지 않게, 내가 할 수 있는 최선을 다했다. 이제 두려운 마음으로 독자의 평가를 기다린다.

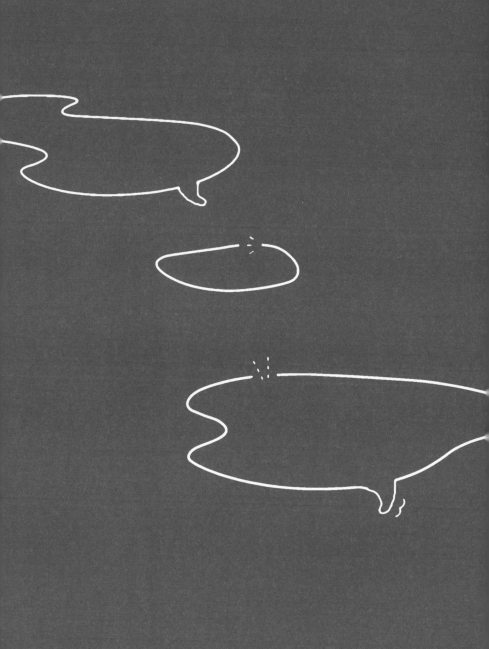

강원국의 결국은 말입니다

초판 1쇄 발행 2022년 12월 24일 초판 3쇄 발행 2023년 7월 7일
지은이 강원국 | 펴낸이 유준원 | 기획편집 박연아 | 편집 유 솔 | 표지사진 이원희 | 디자인 오필민
펴낸곳 도서출판 더클 | 출판신고 제 2014-000053호
주소 서울시 금천구 가산디지털1로 212 코오롱애스턴 709호
전화 (02)857-3086 | 팩스 (02)2179-9163 | 전자우편 thecleceo@naver.com
ISBN 979-11-86920-01-5 (03190)